U0600350

办会有

招法

4步就能办好会

杨 冰◎编

图文版

红旗出版社

图书在版编目（CIP）数据

办会有招法 / 杨冰编. ——北京: 红旗出版社, 2020.3
（机关有机关丛书）
ISBN 978-7-5051-5123-9

Ⅰ.①办… Ⅱ.①杨… Ⅲ.①会议－组织管理学
Ⅳ.①C931.47

中国版本图书馆CIP数据核字 (2020) 第008426号

书　　名	办会有招法		
编　　者	杨　冰		
出 品 人	唐中祥	总 监 制	褚定华
责任编辑	朱小玲	封面设计	张合涛
出版发行	红旗出版社	地　　址	北京市沙滩北街2号
邮政编码	100727	编 辑 部	010-57274497
发 行 部	010-57270296		
印　　刷	北京温林源印刷有限公司		
成品尺寸	690 毫米 ×980 毫米　1/16		
字　　数	250 千字	印　　张	15.5
版　　次	2020 年 5 月第一版	印　　次	2020 年 5 月第一次印刷
ISBN	978-7-5051-5123-9	定　　价	48.00 元

欢迎品牌畅销图书项目合作　　联系电话：010-57270270
凡购本书，如有缺页、倒页、脱页，本社发行部负责调换

目录
MULU

第1步

定盘子——确定议题

第2步

"搭好台"——会前筹备

第3步

严组织——会中服务

第4步

收好尾——会后工作

定盘子

——确定议题

我们组织任何一种会议，都应有一个"盘子"。这个"盘子"，就是确定议题。这一步骤中，主要有以下几个方面的工作：

一、会议的发起有动议

没有无缘无故的会。既然组织开会，总得有个动议，这个动议就是为何开会？需不需要开？起因是什么？动机是什么？要达到什么目的？

有的会议涉及几个部门，跨不同行业，组织好一个会议实在不容易。酝酿和发动是关键的一步。对于一些经济、技术、文教领域里的业务性会议，其酝酿和发动与人大、政协、党代表等会议不同，起因、动机、首先倡导者也不相同：

有的会议来自上面：某位领导指示，或在某个重要会议上提出要召开某种会议；

有的会议来自下面：基层提出一些问题，或在实际工作中出现了新形势、新问题，迫切需要召开某种范围内的会议进行研究，这种会议的动议来自基层，首先倡导者或是基层单位，或是某个具体主管部门；

有的则来自其他缘由：某项工作开创多少周年了，其工作发展到新的时期，需要总结提高，需要开个带有庆祝、纪念意义的会议，而目的在于做好新形势下的工作，因而往往带有经验交流或总结性质；

有的则是例会：年终工作总结大会、经济工作会议等几乎每年在固定时间内召开。当然，每次会议的重点或侧重面也有所不同。发动这种会议都是来自上面。

这里要讲的会议的酝酿和发动工作主要是来自基层的、由具体主管部门发起的会议。

开会是必要的。如果想推动工作，或总结提高我们的工作，或贯彻一项新的意图，或开辟一项新的工作，或贯彻上级的精神，就不能不开会。

若是上级指示要开会，只要按上级的旨意去筹备就是。当然参与筹备的成员也要发挥其主观能动性，把筹备工作做好，将上级的精神通过会议传达落实到基层去。

若是从基层反映上来的意见，由具体的部门提出的开会动议，其筹备发动工作就相对复杂些，工作也多些，甚至需要有关人员奔走呼吁。要将来自基层的意见、开会的动议变成领导机关的意志，变为领导机关的动议（或决议），这就需要写报告，请上级批准召开这个会议，甚至是代领导机关起草开会通知，即以机关的名义或以几个部门领导机关的名义召集会议，这样的会议更具有权威性，会议形成的决议性内容也更具有号召力和推动力。

为了使领导机关或几个部门各自的上级领导机关，支持并批准开会的动议，就要事先酝酿出开会的宗旨，提出开会的必要性、可行性等，即写出会议的方案。

二、会议的议题要确定

开会是一种重要的工作方式。会议目标决定会议议题，会议议题为会议目标服务。一般说来，会议议题的来源主要有几个方面：

（1）来自上级机关和领导安排的事项。

（2）来自下级单位和部门提交的、需要以会议形式进行研究和决定的事项。

（3）通过调研向有关单位和部门搜集来的、需要进行研究和决定的事项。

（4）有重要事情需要集中传达。

（5）有问题需要多个部门或单位协调解决。

具体说来，确定议题有以下几个方面的要求：

一是明确会议目标。要根据会议的目标确定会议议题，把为实现会议目标服务的议题列入会议研究和讨论的范畴，而与会议目标无关或偏离会议目标的议题就应当舍弃。任何会议，都不存在没有议题的会议目标，也不允许存在脱离会议目标的议题。

二是衡量议题价值。一般来讲，凡是属于影响全局工作的议题，都是有较大价值的议题，可以列入会议研究和讨论的范畴；而只对局部工作产生影响，或本应当由基层部门或个人分工负责解决的问题，则属于无价值或价值不大的议题，不应列入会议研究和讨论的范畴。

三是把握可行性原则。议题的可行性是指议题中所涉及的需要解决的问题应当具备解决的初步条件，如果把背景不清、解决条件不成熟的议题提交会议研究和讨论，将会出现议而难决、决而难行的情况。这就要求在确定和提交议题之前进行必要的调查研究，对拟提议题的背景情况和解决条件进行审核，去掉那些目前还不具备解决条件的议题。

四是议题具体明了。议题的明确清晰对于提高会议效率、保证会议质量非常重要。议题的表述要简洁明了，不能抽象空洞，不能啰唆杂沓；要提供相关的说明性材料，以便于参会人员在讨论和决策时参考。明确的议题是形成会议决议的前提之一，所以会议议题切不可含混不清，无边无际。

五是议题安排适量可控。一次会议议题的数量必须有一定的限度，要根据会议时间的长短对议题数量进行严格控制，不要在一次会议上罗列多个议题，这样在有限的时间内可能会导致议而不透，或者使会议时间变得冗长，无法让参会人员集中精力来开会。一次会议议题既不能安排过多，也不能太少。过多，因与会人员的精力所限，可能议得不深不透，从而难以统一思想认识，议而不决，使会议收不到应有的效果。太少，又会使会议过于松散，浪费时间。当会议议题较多时，要注意分清主次和轻重缓急。一般情况下，重要的和急需解决的问题，应当安排在前面，一般性问题放在后面。因为会议前期人们的精力比较充沛，议事效率较高，把重要的和急需解决的问题放在前面，便于集中精力研究解决。有时有些议题虽然很重要，但议决的难度较大，可按先易后难的原则放在后面，先议比较容易解决的问题，以提高议事效率。

六是议题尽量相近。一次会议上的议题应当存在内在联系，尽量将那些内容相近、相互关联的议题放在一起来研究和讨论。尤其要将最重要的、最紧急的议题排列在最前面，有利于相关单位、部门和人员共同协商，也有利于集中精力突破重点，同时也有助于减少不必要的参会人员，避免会议规模无限地扩大。如果在一次会议上安排几个不相关的问题，跳跃性太大，势必会影响会议的效果，更达不到会议的目的。

会议议题一般应当由领导或领导集体确定，会务工作人员应当根据领导的意图，负责收集议题，并根据轻重缓急排出顺序，向领导提出建议，供领导决断。有些会议，如党、团组织的代表大会的议题，要通过法定的程序来确定。

三、会议的形式要恰当

弄清了会议的议题或会议要解决什么问题，达到什么目的，决定开会之后，就可以确定会议的形式。

例如，是召开工作会议，还是召开座谈会；是召开调查会，还是召开报告会。这由会议要解决什么问题和通过什么具体的会议方式解决这两点来决定。

确定了召开什么形式的会议，才能确定会议的规模、会议的时间和会期、会址、会议的名称等。该开工作会议，部署工作，提出要求，就不能开成座谈会，那就实现不了会议的目的。

四、会议的规模要适中

会议的规模适中，就是参会人数要严格控制，主要是控制会议出席人员（正式代表）、特邀代表、列席人员、工作人员和服务人员的数量。

要坚持能少则少的原则。限定出席人员，是为了避免与会议议题无关的人或对会议起消极作用的人到会。但对于法定与会人，就要按照特定的法律、法规、组织章程或会议规则赋予与会人的与会权利，并以此作为统计会议人数的依据。没有特殊情况或不经过固定的组织程序，任何人都不可以随意剥夺法定与会人的与会权利。例如，任何一种形式的代表大会的召开，都要严格按照有关的组织法或组织条例，确定会议代表名额，不可随意扩大或缩小范围。

除此之外，各种形式的专题会议或工作会议的参加人数，由会议的组织部门依情况自行掌握，以严格控制为原则。对特邀代表、列席代表和其他来宾的限定，主要的原则是人员不可过多，避免喧宾夺主和使会议负担过重。对会议工作人员和服务人员的限定，应参照会议等级的标准来执行，尽量不要超员，以避免加重会议负担。

具体规模，参见附录三《中央和国家机关会议费管理办法》（2016版）。

五、会议的时间要合理

　　会议时间是会议从正式开始至结束的时间长度。会期既包括会议实际进行的时间，也包括在会议进行过程中的休会时间。会议的时间要合理适度。

（一）选择召开会议的时间

　　（1）选择召开会议的时间要保证有充分的准备时间。任何会议都有或多或少的相关工作内容要准备，大中型会议的准备工作更不必说，只有准备充分，会议才能顺利召开。选择具体召开时间时，要考虑给会议组织者的准备工作留出足够的时间，也要给参会人员以相应的准备时间。

　　（2）选择召开会议的时间要方便参会人员参加出席。召开会议的时间应当尽量和参会人员进行协调，以确保在规定范围内能有更多的人前来参会。如果参会人数不足，就很难达成共识，作出决议。特别是会议的核心人物能否到会，对会议的成败起着关键作用。其他参会人员的积极参与也是实现会议目标的保证。尤其需要说明的是，节假日往往是人们不愿意外出参加会议的日子，应该尽量避免在节假日安排会议。

　　（3）选择召开会议的时间要有利于工作的开展。除非极特殊情况，召开会议的时间不能影响日常的正常工作，而是应该有利于并促进日常工作的开展。如单位内部每周的行政办公例会，一般选择在周一或周五举行，就有利于新一周或下一周工作的有序进行。而工作总结会一定要安排在工作完成之后召开。

　　（4）选择召开会议的时间要考虑自然因素影响。有些会议的召开时间受自然因素影响较大，如一些在露天活动的集会，就要充分考虑举办地点的气候变化和当天的具体天气情况，否则会增加会议活动举办难度，影响参会人员的情绪，当然也会影响会议的效果。

有些会议还要考虑举办时间的意义，如纪念性会议放在纪念日最有意义。此外，会议时间还要符合人的生理规律等，既不能太早，也不能太晚。

（二）确定长短适中的会期

会期指整个会议所需要的时间长短，是半天、一天，还是三天、五天等。适中的会期要保证能够在规定的时间内完成所有议程的要求，既不拖沓，也不过于紧张。确定会期一要考虑议题多少。一般说来，会议议题较多时，会期安排可以适当长一些；会议议题较少时，会期安排则要短一些。二要考虑议程繁简。不同性质的会议有不同的会议程序，议程繁简不同，使用的时间量也不一样，影响会期的长短，要考虑进去。三要注意松弛有度。会期既不要太紧张，也不要太松散，尽量做到张弛有度。四要控制会议成本。一般来说，会议越短，成本就越低。因而，应尽量压缩时间，降低成本，提高效率。

具体会期的长短，参见附录三《中央和国家机关会议费管理办法》（2016版）。

六、会议的地点要合适

开会，必然就有个开会地点，在哪里开会最合适，就是会议地址的选择问题。总的原则就是以方便与会者到会、离会为主。一般应考虑到以下因素：

一是会场大小是否适中。会场过大，显得松散；过小，又显得拥挤。要使与会者的座位之间有一定的空隙，方便出入。会场中要留有过道，便于与会者和服务人员出入。

二是会场地点是否适中。会场要尽量离与会者的住所近一点，以免奔波之劳。大中型会议的与会者如果集中居住在宾馆、招待所，那么会场就应当选在宾馆或招待所。如果与会者分散居住，那么会场应当选在离大多数与会者住所较近的地方。

三是会场附属设施是否齐全。会场的附属设施包括照明设备、音响设备、通信设备、放映设备、计算机、打印设备、空调设备、桌椅设备、卫生设施及安全设施等。会场外部配置，如停车场、电梯、房间、餐厅等。这些配置对保证会议质量、提升会议服务都至关重要。而会场的装潢设计，对于很多会议来讲又是提升会议规格与档次的必要体现。

四是考虑交通是否便利。会议举办场所必须要让主办方和参会人员方便前往，一般设在和参会人员办公地点或住宿地点靠近的地方，交通方面便利又安全，避免路途太远或交通拥挤堵塞导致往返路程费时费力。对于参会人员来讲，如果不是特殊情况，住宿与开会在一起是最合适的了。

五是环境是否舒适。一般来讲，会议举办场所应当尽量避免选择在闹市区、工厂区。闹市区虽然交通方便，但嘈杂的环境无法保证会场周围的安静，同时闹市区的空气往往也较为浑浊；工厂区同样可能会有噪声源和污染源，这些对参会人员的情绪会有负面影响，进而影响会议的质量。环境的舒适还包括会议举办场所内部，如室内温度是否舒适、光线是否充足、空气是否流通等。

六是成本是否合理。租用会议中心、宾馆、饭店等作为会议举办场所，必然要涉及根据需要租用大小各种会议室及相应设施设备等问题，而不同的举办场所其租金不同，选择和确定会议场所时就要考虑这些问题。一般来讲，应当本着经济实用的原则去选定会议场所，能用简易会场的，不用高级会场，以期在保证实现会议目标的前提下节约会议开支。

七是服务是否周全。会议举办过程中，各种会议服务除了依靠会议举办方自身的组织人员外，大量的服务工作，如会场导引、票证查验、茶水提供、就餐服务及住宿服务等，还要依靠会议举办场所的工作人员或服务人员来协助。这些人员的服务态度、服务水平也是会议组织是否到位的体现。因此选择会议举办场所时，对此也不能忽视。

另外，如果会议对保密性要求很高，还要注意考虑选择保密性好的会议场所，确保做好会议保密工作。

会务工作人员根据领导的要求，可以对拟选择的会议场所进行考察比较，最后选择综合条件最好的一个。然后逐级上报领导，请领导定夺。

值得特别注意的是，对于会议地点的选择，中共中央办公厅、国务院办公厅专门下发了《关于严禁党政机关到风景名胜区开会的通知》，禁止去21个风景名胜区召开会议，具体内容详见附录四。

七、会议前的初步准备

不同的会议，议程是不同的，会议应准备的事项当然也不相同。这要根据会议的性质决定。同样，会议材料的准备也是如此。会议上的领导讲话稿、发言稿、典型材料等都必须按照会议的宗旨进行准备。同时，要拟订一个比较具体的收集、编写、起草计划，包括下基层调查研究，通知重点单位准备材料等。

以上几个方面，大多是机关工作人员根据领导意图，提出建议，请领导定夺，也有时是领导决定，机关制订具体方案去执行。机关工作人员需要根据不同的情况，采取不同的方法去办理。但总的原则就是，开出高效的会议，可开可不开的会议，坚决不开。

第2步

"搭好台"

——会前筹备

一、把会议方案策划好

策划会议方案，是会议生命力的所在。从一定意义上来说，独具匠心的会议策划是会议成功的前提。一个好的会议策划，实际上已使会议成功了一半。

（一）会议筹划的基本要点

会议方案的策划基本要求就是有的放矢，具体明确。我们要搞清楚召开一个什么样的会议？为什么开？要解决什么问题？或贯彻什么精神？宣传什么思想观点？谁来筹划？

因而，会议要有明确的宗旨。这是会议能否取得成功的关键。

会议策划方案应明确以下问题：

（1）会议的名称是什么？

（2）会议的主要任务是什么？

（3）会议的议题是什么？

（4）会议的形式或程序是什么？

（5）会议的规模有多大？

（6）会期计划多长时间？

（7）预计何时召开会议较为妥当？

（8）会议的日程如何安排？

（9）参加会议的都有哪些人？

（10）在什么地方召开合适？

（11）需要多大的场地？

（12）以前开过这样的会议吗？结果如何？

（13）会议预算是多少？

（14）与会者对费用开支很在意吗？

（15）谁来制作会议邀请函？

（16）会议需要向与会者打印相关资料吗？

（17）会议的发言人有哪些？

（18）会议需要什么样的视听设备？

（19）需要食品、饮料的酒会、招待会有几次？

（20）打算为与会者安排一些特别活动吗？

以上这些问题初步了解后，便可正式开展会议策划。

（二）会议筹备方案的策划

会议筹备方案是对所要举办的会议进行总体安排的策划文案，是会议预案的一种。

1. 会议总体方案的基本内容

（1）会议的名称。会议名称的确定一般采用揭示会议主题、主办方、功能、与会者、范围、时间和届次、地点、方式等特征的方法。此外还便于会议通知、会场布置、会议记录、会议的宣传报道等。确定会议名称的基本方法是揭示会议的主要特征。一要揭示会议内容特征。如"庆祝中华人民共和国成立70周年大会""作风整治工作动员大会""纪念红军长征胜利70周年座谈会"。二要揭示会议性质特征。如"××表彰大会""××总结交流会"。三要揭示与会者身份特征。如"中国共产党×××委员会第×届第×次全体会议""××军人代表大会"。四要揭示会议方式特征。如"××××现场会""××观摩会""××茶话会"等等。确定会议名称应当用全称。会议的正式文件、会议记录一律要写会议全称，会议简报、宣传报道可以写规范化、习惯性会议简称，如将"第八届第三次全体会议"简称为"八届三次全会"。

（2）会议的目标和指导思想。

（3）会议的主题、议题和议程。

（4）会议的对象、规格和规模。会议对象要分清正式成员、列席成员、特邀成员、旁听成员。

（5）会议的时间。包括会议时机的选择，会议的起讫时间，会期和日程安排。

（6）会议的地点。一是选择合适的举办地，如国际性会议要考虑选择在什么国家（地区）以及什么城市举行；二是选择合适的场馆（包括会场、宾馆的规格及布置要求等）。

（7）主办、协办单位以及拟设立的会议组织机构，如主席团、组织委员会、指导委员会、执行委员会、学术委员会、秘书处、筹备组的构成等。

（8）会议的举行方式、配套活动以及辅助活动的日程安排，如参观、游览、娱乐、聚餐等。

（9）会议的接待、后勤保障措施和技术手段。

（10）会议宣传方式，如召开新闻发布会、编写会议简报、邀请记者采访、发送新闻稿件等。

（11）会议经费的预算以及筹集经费的渠道和方式。

（12）其他应当说明事项。

2.会议总体方案的结构与写法

（1）标题。写明会议的全称和策划或方案（预案），如"×市深化经济改革会议筹备（总体）方案"，总体二字也可以不写。

（2）主送机关。直接上报上级机关，应当写明上级机关的名称。以请示的附件上报的，可不写主送机关。

（3）正文。正文部分应该逐项写明总体方案的具体内容，结构安排上一般采用序号加上小标题的结构体例。开头部分可用一段文字写明制订方案的目的和依据，然后用序号编排各个层次。表述有两种方法：一种是详述法，详细表述各项具体安排。另一种是简述法，对所涉及的各方面的计划用原则性的安排，具体实施的要求通过各个专题策划文案来表述。直接报请批准的方案，结尾处要写"以上方案请审批"等字样。正文写作要总揽全局、目标清楚、思路清晰、分工明确、综合协调。

具体包括以下内容：前言，会议目的，会议主题，会议时间，会议地点，参加人员，会议内容，会议议程，会场布置，职责分工，筹备工作计划（以表格形式，列清序号、工作内容、完成时间、负责部门、责任人等），费用预算，其他注意事项等。

（4）附件。如有附件，在正文下方写明附件的名称和序号。

（5）落款。署制定机构名称。经审批下发执行的总体方案也可署审批机关的名称。

（6）成文时间。写正式提交的日期。

【会议筹备工作方案范例】

××局创建服务型机关经验交流会筹备工作建议方案

（局党委办公室）

一、会议名称： ××局创建服务型机关经验交流会

二、会议时间： ××××年×月××日，会期1天

三、会议地点： ××局招待所二楼大会议室

四、参加人员：（预计100人）

1.局党政工领导（7人，2位副局长在外地出差，不能参会）

2.局属各单位党政负责人、工会主席、团委书记（69人）

3.局机关各部门负责人（24人）

五、会议的主要任务

1.交流我局开展创建服务型机关活动经验。

2.表彰在创建活动中涌现出的先进集体和先进个人。

3.局党委对转变机关干部作风、服务大局、服务基层，实现全年生产经营目标作出部署、提出要求。

六、会议文件

1.经验交流材料

（1）基建设备处：《以基层需求为导向，推进重点工程建设》

（2）运输公司党委：《创建服务型机关的做法和体会》

（3）局直属机关党委：《深入基层、深入群众，做好职工思想政治工作》

（4）后勤服务中心：《以服务为宗旨，为实现全年生产经营目标提供有力保障》

2.局党委文件：《关于深入推进创建服务型机关活动，实现全年生产经营目标的意见》（草稿）

3.局党委书记讲话稿

4.局长总结讲话稿

5.局党委副书记主持词

七、会议日程

时间		内 容	主持人	会议地点
××月 ××日	8:00	全体会议： 1.宣读表彰决定，表彰先进单位和先进个人（局领导颁奖）. 2.大会经验交流（每个单位发言限时15分钟）	党委副书记	招待所二楼大会议室
××月 ××日	8:00	（1）基建设备处×××发言 （2）运输公司党委×××发言 （3）局直属机关党委×××发言 （4）后勤服务中心×××发言	党委副书记	招待所二楼大会议室
	14:00	分组讨论内容： 1.党委书记讲话 2.局党委《关于深入推进创建服务型机关活动，实现全年生产经营目标的意见》（草稿）	各组召集人	见分组表
	17:00	局长作会议总结	党委副书记	招待所二楼大会议室
	18:00	散会		

八、住宿房间安排

驻外地单位的与会人员原则上每人1个标准间，局领导和局机关与会人员不安排住宿，会务工作人员每2人1个标准间。

九、会场安排

1.主会场：招待所二楼大会议室。分组讨论会议室4个（三楼第一、第二会议室，四楼第四、第五会议室）。

2.主会场布置（报告会形式）

（1）主席台：7人，摆放座签，3个话筒，7个座椅；1张发言桌，配话筒、茶杯。

（2）台下：课桌式、茶杯、座签。

第1排：左侧预留，安排受表彰人员和经验交流发言人。

第1排右侧、第2排至第9排：按局自然顺序排列。

第10排：会务工作人员。

（3）会标：××局创建服务型机关经验交流会（宋体字加粗）。

（4）主会场后边标语（用党委书记讲话标题）。

（5）会场音响（招待所负责）。

十、会务组织

会议成立会务组、文件组、服务组。

1.会务组

负责人：局办公室主任。

成员：由局办公室负责从机关各部门抽调5人。

联络员：从会务组成员中选配。职责：分发文件、讨论记录。（准备记录本和笔）

主要任务：负责拟发会议通知、编制会序册和座位表、与会人员接送住宿和用餐安排（就餐时间确定）、布置会场、会议录音、制作座签、组织分组、分发会议文件、登记返程车票、车辆提供、会议报到、会议值班、编制经费预算、处理会间相关事务等。

2.文件组

负责人：局办公室分管副主任。

成员：局办秘书科、直属机关党委宣传部共3人。

主要任务：负责起草局领导讲话稿、准备会议审议的局党委《关于深入推进创建服务型机关活动，实现全年生产经营目标的意见》（草稿）110份、起草主持词、审定会议发言材料以及其他文字资料，如会议讨论记录等，确定文件印数（110份）。

3.服务组

组长：招待所所长。

成员：以招待所工作人员为主，同时从会务组抽调部分人员配合。

主要任务：

（1）编制与会人员接送站计划并组织接送站。

（2）组织会议报到。

（3）分发会议文件，文件归档。

（4）准备会议文件袋（档案袋、文具）。

（5）会议返程票务。

（6）编制会议预算和会议收费（住宿费每人180元，伙食费每人50元，工作人员不交住宿费）。

（7）编制住宿房间图。

（8）安排会议用餐（审定菜单、餐厅准备等，注意回民餐）。

（9）招待所客房准备。

（10）车辆准备及停车位。

（11）协调解决会议生活服务方面的相关事务。

十一、会议经费

本次会议执行我局二类会议开支标准，并据此编制费用预算，预计不超过20万元。

十二、请示事项

1.上午大会是否安排局机关全体工作人员听会，如安排需在局会议室提前调试会场音像传输设备。

2.确定会议主持人。

3.确定收费标准。

4.局工会通知，会议结束后接着开工会主席座谈会，预留招待所三楼中型会议室，时间待定。

××××年××月××日

会议筹备进度计划表（示意）

一级分工	二级分工	具体活动	责任人	任务目标	时间节点
会前筹备	会议计划	制订会议计划	A	形成会议计划	会前6周
		起草会议方案	B	形成会议方案	会前5周
		报请会议方案	B	批复会议方案	会前4周
		制定会议议程	C	形成会议议程	会前3周
		制定会议日程	C	形成会议日程	会前3周
	会议机构	……	……	……	……
	会议经费	……	……	……	……
	会场布置	……	……	……	……
	会议文件	……	……	……	……

二、把会务机构组建好

　　会议筹备阶段的主要工作之一就是组建会务机构。这是保证会议顺利进行的前提。一般来讲，大中型会议都应当成立相应的会务工作机构，由有经验、有责任心的成员组成。明确职责分工，做到人有专职，事有专人，既分工负责，又协调配合，这样才能够保证会议筹备工作及整个会议的组织管理有条不紊地进行。

（一）会务机构的设置原则

设置原则	具体说明
因机构而设置	会议具体工作机构的设置与职责分配要根据会议的性质、规模、要求等灵活设置，有必要则设置，无必要则不设置。
因职责而设置	每个会务工作机构的职责分配要根据实际进行划分，一旦分工，就要职责分明，防止在具体工作中出现互相推诿的现象。
因高效而设置	一般来讲，在能够满足会务工作需要的前提下，会务工作机构设置要坚持精干高效。机构和人员宜少不宜多，避免出现机构臃肿、人员庞杂、人浮于事的局面。

（二）会务机构的设置形式

会议规模与办会机构设置

会议规模	办会机构设置
规模较小，组织工作较为简单	会务组
规模较大，组织工作较为复杂	秘书处：会务组、后勤组、秘书组、材料组、宣传组、技术组、保卫组
重大会议，组织工作十分复杂	领导机构（组委会、主席团） 执行机构（秘书处）：会务组、后勤组……

1.按存在时间设置

（1）常设的会务工作机构。这类会务工作机构是专门为领导机关日常的工作会议所设置的常设工作机构。如一些领导机关内部设立的会务处、会务科、会务组一类的职能部门，主要任务就是为领导机关安排或承办一些例行的工作会议。

（2）临时的会务工作机构。这类会务工作机构是为筹备和组织特定的会议而临时组建的会务工作机构。如常见的××××会议筹委会、××××会议组委会、××××会议筹备工作组、××××会议筹备办公室等，根据需要其内部还可以分设秘书、宣传、保卫、后勤等分支机构。会议结束后，临时的会务工作机构随之撤销。

2.按会议规模设置

（1）大型会议会务工作机构。这类会务工作机构一般分为三个层级，第一级是大会筹备（或组织）委员会，其负责人即是大会负责人；第二级是大会筹备或组织委员会办公室，其负责人即是筹备或组织委员会的组成人员；第三级是各个职能处（组），如秘书处、宣传处、外联处、保卫处、生活服务处等，其负责人是筹委会办公室的组成人员。

（2）中型会议会务工作机构。这类会务工作机构一般分为两个层级，第一级是会议筹备或组织办公室，第二级是秘书组、宣传组、保卫组、生活服务组等。

（3）小型会议会务工作机构。这类会务工作机构一般只有会议秘书组（或会务组）一级办事机构，由会议领导指定一个人牵头负责，并根据会务工作内容配备适当的人员，共同完成会议筹备工作的有关事宜。

（三）会务人员的职务名称

设立秘书处的大中型会议，其会务秘书部门的负责人，一般称为秘书长和副秘书长，如会务秘书机构称为会务办公室，其负责人称为主任和副主任。大会秘书处（或办公室）下设立的会务、简报、后勤、保卫等处（组）的负责人，分别称为会务处处（组组）长、简报处处（组组）长、后勤处处（组组）长、保卫处处（组组）长等。

设立会务秘书组的小型会议，会务秘书部门负责人一般称为秘书组组长和副组长，下设若干名秘书分管各项会务工作。有的党政机关、企事业单位的小型会议，常常由办公室或领导指定一名秘书负责会务工作，这名秘书的身份、称呼与平时一样。

（四）会务机构的具体分工

大中型会议一旦成立分级的会务工作机构，就要做好具体工作机构的设置，做好分工，确定职责。常见的会务工作机构分工列举如下：

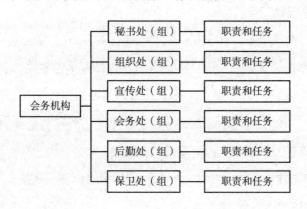

1. 秘书处（组）

主要负责会议文字工作，如负责会议报告、讲话稿及其他重要文件的起草，修改，印刷，发送等；负责编发会议简报、会议纪要等；负责会议期间领导交办的事项。

2. 组织处（组）

主要负责会议代表资格审查，编制代表名册；负责承办选举方面的事宜，如起草选举办法、编制选举程序、拟制候选人名单及情况介绍等；负责参会人员的编组、签到等。

3. 宣传处（组）

主要负责与新闻单位联系对会议情况作宣传报道。一般负责会议的新闻发布、宣传报道事宜，负责组织、安排、协调记者的采访活动，负责录音、录像等工作。

4. 会务处（组）

它是所有工作机构中最为重要的小组。主要负责会议活动方面的有关事宜，如制发会议通知、布置会场、协调会议活动等；负责制发会议证件、印发与清退会议材料等工作；负责会议值班、联络、来访接待等工作；负责会议秘书处（组）交办的事宜。

5. 后勤处（组）

它是为需要安排住会的会议而特设的工作机构。主要负责会议食宿、用车、医疗、生活用品供应；负责参会人员迎送工作；负责返程票购买等工作；负责会议财务管理。

6. 保卫处（组）

它是对特定的会议实施安全警卫的工作机构。主要负责会场、住地及外出活动的安全保卫工作；负责会场、住地的车辆疏导；负责会议保密工作，协助会务处（组）查验证件等。

具体筹备中，要根据需要来设立有利于会议组织的工作机构。各处（组）确定后，要对每位会务人员的工作分工予以明确，也可形成分工明细表。

会务处（组）筹办人员对会议所需的各项准备工作，要按照内容或承办部门归类，按时间排出顺序，列出共有多少项工作，每项工作拟由哪个部门或个人负责，以及各项工作的基本要求、完成的时限等。这样做可以使分管会务的领导和具体办事人员心中有数，避免忙乱和疏漏。

三、把会议机构协调好

大型会议会务工作任务重，服务保障的部门多，会务工作机构要召开会议筹办工作协调会。

（一）协调会的内容

由于办会人员来自不同单位，因而，会议筹办机构要定期召开协调会。

（1）传达或印发领导审定的会议方案。

（2）指定秘书处（组）、组织处（组）、宣传处（组）、会务处（组）、后勤处（组）、保卫处（组）各组负责人，明确各组或各人的任务。

（3）研究和补充《会务工作实施计划》。

（4）协调一些交叉和难度较大的工作。

（5）提出要求，明确分工，责任到处（组）到人。

（二）注意事项

较小规模的会议，一般不需要成立会议筹备机构，只需要指定个别人员负责有关准备工作即可。

另外，会议筹备机构在会议期间，每晚固定时间召开碰头会，总结讲评一天的会务工作，查找薄弱环节，改进服务质量。

四、把会议文件准备好

会议文件的准备工作主要是起草和印发。起草的文件主要有开幕词、讲话稿、工作报告、决议草案。有的是秘书人员负责起草，有的是由秘书协助领导起草，有的是由秘书配合业务部门起草。承担文件起草的秘书应了解会议宗旨和会议的全面情况，紧紧围绕会议中心，力争较好地完成任务。

由于会议的内容各不相同，每次会议要准备的文件材料也不同。

一般的会议都要准备会议议程、主持词和领导讲话稿等，有些会议要讨论研究某些问题，有些会议要研究工作计划和规章制度等。这都需要准备相应的议题、讨论稿等文字材料。工作人员要事先准备好会议需要的材料，有的还要提前印发。

会议文件材料有些是领导亲自动笔，有些是由机关干部执笔，一些大型会议、重要的会议一般由材料组负责起草。拟稿人应正确领会领导的意图，把握领导的风格，根据会议的需要、讲话场合，高标准高质量地完成好材料写作任务。初稿形成后，及时呈送领导审批。

会议文件应当有编号，以便对其进行控制和管理。会议文件的编号包括两项内容：一是文件总号。一般有两种编法：一种是在一次会议期间，有几个文件按"会议文件之几"的形式表现。另一种是按文件的作用和性质编顺序号。二是文件份号。每一种会议文件，依据分发范围，可能印几十、几百份。对于这种文件，可以给每份文件编一个"份号"。对于例会讨论文件，通常按流水号编印下发。

（一）会议议程表和日程表

会议的议题确定后，要根据议题来安排议程和日程。会议议程表和日程表都要在会前发出，因此需要提前准备。

安排会议议程和日程原则：一是把握会议目的，即了解会议召开的原因。先安排关键人物的时间，要保证重要人物能够出席会议。根据多数人意见安排日程，保证尽可能多的人员都有时间参加会议。二是例会原则上要定时召开，且时间不宜过长。时间应控制在一个半小时左右，避免出现会议给人们带来的疲劳。三是如遇几个议题，应按其重要程度排列，最重要的排列在最前面。尽量保证在最佳时间开会。上午9：00~11：00，下午14：30~16：30是人们精力最旺盛、思维能力及记忆力最佳的时间段。所以，安排会议议程和日程要注意应将全体会议安排在上午，分组讨论可安排在下午，晚上则安排一些文娱活动。

1.安排会议议程

会议议程，是对会议所要通过的文件、所要解决的问题的概略安排，并冠以序号将其清晰地表达出来，会前发给与会者。它是为完成议题而作出的顺序计划，即会议所要讨论、解决的问题的大致安排，会议主持人要根据议程主持会议。拟定会议议程是秘书人员的任务，通常由秘书拟写议程草稿，交领导批准后，在会前复印分发给所有与会者。会议议程是会议内容的概略安排，它通过会议日程具体地显示出来。

会议议程应当简明概略，代表会议的议程还要经代表大会的预备会议或主席团会议通过之后才能正式生效。

一般会议议程的顺序如下：

宣布议程→说明人员缺席情况→宣读并通过上次会议的备忘录→主要报告→其他报告→新的议题→有关人事任免→提名并选举新的负责人→通知有

关事项→宣布休会。

大中型会议的议程一般安排如下：

开幕式→领导和来宾致辞→领导作报告→分组讨论→大会发言→参观或其他活动→会议总结，宣读决议→闭幕式。

这里重点要强调的是，会议议程设计是会议取得成功的关键环节，而设计的前提主要有两个：一是本次会议有多少议题，二是如果是多议题的会，要明确议题之间的相互关系，每个议题准备通过哪几个议程来实现；各议题在议程安排上是否有交叉重叠；各议程之间的转换与衔接等，即有多少项议程。

编制会议议程的方法

名称	内容
编制会议日程的方法	①在编制会议日程表时，要特别注意议题的习惯性顺序以及公司对日程的相关规定。
	②在编制会议日程表时，要确定好与会人员、地点和餐饮安排，特别要注意协调好作息时间和会议议题的日期安排。
	③尽量把性质相同的议题安排在同一日期或者连续的日期，这样方便与会者讨论和协调日常工作。像案例中的特殊情况，需要根据自己的行业进行调整。
	④保密性较强的议题尽量放在日程的后面。

会议议程设计，在前提条件确定后，就要把握好先与后、松与紧的关系。一般要遵循"七先七后、七松七紧"的原则：

一是先务虚，后务实。一般先传达文件、上级指示或报告，领会精神，提高和统一思想认识，然后商讨落实具体工作任务、目标。

二是先民主，后集中。与会者对会议商讨事项要充分发表意见，经过民主交流，最后形成统一的意见。

三是先主要，后次要。即先安排主要议题的议程，后安排次要议题的议程。会议持续时间越久，与会者的注意力越容易分散。将主要议题的议程优先安排，与会者此时的精神状态往往处在最为旺盛的时候，这对研究商讨问题十分有利。

四是先紧急，后暂缓。即时间要求急，要立即或尽快作出结论的事，应安排在前面，而时间尚有回旋余地的事项可以放在后面。

五是先冷静，后热烈。即需要与会者认真冷静思考的问题，可排在前面，而把大家兴趣强烈、涉及问题较多的事排在后面，以防止讨论后一类问题时，人们议论起来滔滔不绝，兴奋之情难以控制，结果影响前一类问题的深入研究。

六是先困难，后容易。即先安排难度大的议题的议程，后安排容易的。

七是"先来后到"。将部分需要中途离会的（不一定参加后阶段会议了）或中途参加的与会者，集中安排在前面或后面，以避免人来人往，影响会议秩序，降低会议效率。

相应的时间安排上，也有七条原则：一是务虚宜松、务实宜紧；二是民主宜松，集中宜紧；三是主要议题宜松，次要议题宜紧；四是紧急议题宜松，缓议议题宜紧；五是冷门议题宜松，热门议题宜紧；六是难度大的议题宜松，容易议题宜紧；七是瞻前顾后，松紧适度，防止前松后紧。

2.安排会议日程

会议日程是指会议在一定时间内的具体安排，以天为单位，包括会议全程的各项活动，它是与会者安排个人时间的依据，需在会前发给与会者。

会议日程表的制定要明确具体，准确无误。日程安排要考虑时间（可具体到×小时×分钟）、内容和地点三要素，一般采用简短文字或表格形式，将会议时间分别固定在每天上午、下午、晚上三个单元里，使与会者一目了然地看清日程安排，以便按统一的规定参加会议的活动，如有说明，可附于表后。

会议议程和日程的区别在于，议程是会议内容的简要排序，日程则是具体、详细的安排，议程可以通过日程体现出来。议程的编制在前，一旦确定就不再变；而日程在时间、地点、人员上，如有变化可做调整。但不管怎么说，会议议程和日程的安排必须吻合，二者制定后，须经主管领导审核方可实施，也都必须在会前发出。

（二）会议签到表（簿）

签到是指与会者或参展工作人员每次出席会议或进入展馆时在专门的表单上签字，以证实其已经到会的手续。签到时所使用的表单称为签到表（簿）。

这里需要说明的是，签到和报到都是指参加对象到达会议举办现场时所办理的手续。二者的区别是：一是时间不同。报到是参加对象在一到达会议活动现场时就办理的总的登记注册手续，一次会议活动每位参加对象只需报到注册一次；而签到则是参加对象在每次进入会场时签名或刷卡，证明他参加了这一次具体会议活动，因此必须每天签到，有时甚至一天要签到好几次。二是意义不同。报到的意义偏重于收集与会者的信息，以便建立数据库，因此填写的内容较多；签到的意义偏重于核实法定的到会人数和检查缺席情况，在一些法定性代表大会会议上，签到还是一种法律行为，因此只要求与会者签字。

会议签到表（簿）的格式为：

（1）标题。一般由会议活动名称和"签到表"组成，如"×代表大会签到表"。

（2）正文。正文应当制成表格，基本内容项目包括：

①主办单位名称。

②举办时间，写明具体的年、月、日、时、分。

③举办地点，写明具体场馆名称。会议活动要写明所在的宾馆名称、楼

号、房间号码。

④应到单位名称或应到人姓名。如有列席对象，应与出席对象分开，分栏签到。

⑤签名。即参加对象在相应的空格内对号签名。

⑥签到时间。有的会议组织者还要求签到时同时注明签到时间，以便掌握签到者实际到会的确切时间。

××××会议签到表（簿）

序号	单位	姓名	到会时间	联系电话	电子邮箱	备注

（三）领导讲话稿

领导讲话稿是领导者为实施领导在会议上所做的指示性发言，是各级领导发表意见、部署工作的有效形式。在某些非正式会议上，领导即兴讲话，不需要讲话稿；但在正式会议上，为了提高讲话质量，需要事先拟写好讲话稿或讲话提纲。由于领导公务繁忙，一般需由秘书人员代拟讲话稿。由于会议内容和需要解决问题的不同，讲话稿的结构安排和表现形式各不相同，科学掌握其规律绝非易事。

领导讲话稿包括首部、主体、结尾三部分。

（四）会议主持词

主持词是会议或者各种仪式的主持人主持会议时使用的文件，具有组织各项活动环节、介绍发言人身份、控制活动进程、确保会议程序的严肃性和准确性、营造气氛的作用。

主持词的主要内容一般包括：宣布会议开始，介绍会议的其他主席和主要领导人、主要来宾，报告会议的出席人数，说明会议目的、任务和宗旨，宣布会议议程或程序，强调会议的纪律和注意事项，介绍发言者的姓名和职务，宣布会议的结果，宣布会议结束。

主持词的结构一般包括：标题、日期、主持人姓名、称呼及正文。

（五）会议须知

须知是指对所从事的活动必须知道的事项。会议须知是与会人员和会议工作人员都必须知道的事项。它是会议文件的一种。大中型会议和多次性会议会前，一般均制定会议须知。

会议须知的内容主要包括会议保密纪律、请假制度、会客制度、安全要求、作息时间和其他注意事项。

具体来说，一般包括：封面，会议日程安排，会议编组，与会人员名单（含姓名、职务、组别、房间号、餐桌号、乘车号、电话号码等相关信息），会议组织领导机构（含地址及电话号码），会议文件目录，作息时间表，会议期间文体活动安排，会议注意事项，等等。

【范例】

会议须知

一、××会议于××××年××月××日至××月××日在××宾馆召开，会期×天。

二、请与会人员按要求准时参加会议，在指定位置就座。

三、进入会场后，请保持良好的会场秩序，关闭手机或将其转为静音模式。会议进行中请不要接听或拨打电话，不要随意走动。

四、请遵守大会纪律，妥善保管会议文件。

五、会议期间，与会人员原则上不得请假。遇有特殊情况必须离会时，请向主管领导请假，并告知会务组。

六、会议期间，与会人员出入会场、就餐和参加会议组织的各项活动时，请佩戴会议证件。

七、会议统一安排用餐。就餐地点在×楼中餐厅，清真席设在××房间。就餐时间：早餐7：00、午餐12：00、晚餐18：00。

八、会议期间，遇事请与会务工作人员联系，他们会为您提供满意的服务。

会务组（负责人）设在×号楼××房间，电话：×××××××

文件组（负责人）设在×号楼××房间，电话：×××××××

会场组（负责人）设在×号楼××房间，电话：×××××××

接待组（负责人）设在×号楼××房间，电话：×××××××

宣传组（负责人）设在×号楼××房间，电话：×××××××

九、通信方式：××宾馆总机：××××××××，各房间互拨请直拨房间号，呼叫市内电话，请在号码前加拨"8"。

十、与会人员返程时，请将房卡（房间钥匙）交总服务台或会务工作人员。

十一、会议期间如有临时事项，请注意大会通知，会务工作人员会及时与您联系。

撰写会议通知须知

名称	内容
撰写须知	①通知标题要明示会议的主题。 ②抬头要明确主送单位。 ③第一段概括主办单位、时间、地点、主题。 ④分条列出会议内容、与会人员、时间、地点、联系人及方式、提示。 ⑤落款处盖章。 ⑥发布时间要留有余地，注意附上回执。

（六）其他会议资料

根据会议性质和规格不同，不同的会议需要准备不同的会议材料。比如，经验交流会，还要有参加交流单位的经验材料；组织理论学习轮训班，进行大会交流，还要有交流发言材料等。

会议文件

会议文件	内容
会前文件	①邀请函。邀请函的内容要包含会议名称、主题、地点、时间、与会人员的范围、层次及人数等。 ②与会须知。与会须知内容要包含会议举办地点的基本情况、会场的服务项目和设施，当地气候、交通、生活公共设施、会场平面示意图等。 ③议程草案。议程草案内容要包含议程项目和审议顺序。 ④议题注解。议题注解客观地介绍每一个议题的主要内容和中心环节。 ⑤背景材料。背景材料的内容要包含议题的起源、发展、现状、趋势、各方立场、争议点等。 ⑥会议日程。会议日程的内容要包含会议活动的日期和安排。 ⑦与会者名单。与会者名单可以包含与会者姓名、职务单位等。
会间文件	①领导的开幕词和闭幕词。开幕词要体现礼宾性质，同时还要体现会议的指导思想、宗旨、意义以及与会者的任务，闭幕词要体现总结性质。 ②代表发言稿。代表发言稿要体现与会代表关心的焦点问题，事态的发展趋势。 ③工作报告。工作报告要包括过去一段时间的形势和成就、不足和问题、接下来的工作计划，以及对与会代表的要求。 ④决议草案和修正案。决议草案和修正案要反映与会者对一系列议题的共同意志和要求。
会后文件	会后文件主要包括会议纪要以及致谢信。

（七）会议文件的审核、装订、备份

文件的印制、分发应认真负责，保证质量，不出差错。因此在会议文件准备好之后，应做好审核、装订、备份工作。

1.会议文件资料的审核

会议文件资料审核工作主要审核会议文件的准确性和完整性，以及文件内容与议题的相适性。会议文件审核的方法有三：一是对校法，适用于定稿上改动较多的文件。二是折校法，适用于整洁、改动不多的文件。三是读校法，适用于定稿内容浅显易懂，生僻字、专用术语名词较少的文件。

会议文件审核的工作步骤：

（1）由起草文件的秘书就文件内容进行自审，使会议文件在初始期就能严格把关。

（2）由主管秘书进行会议文件初审。

（3）如会议文件的内容涉及的部门较多，要进行必要的会审。

（4）在会议文件审核修改之后，要由主要领导者或主管领导进行终审。

2.会议文件资料的装订

会议文件资料装订前应严格管制外流和散失，对于文字的校对更应该慎重。资料的装订、前后次序不能颠倒或与议程有别。

3.准备会议资料的备份

会议的资料倘若不属于机密性质，主办机关除发给与会人员外，应有备份，以供列席人员有临时未带者备用，或提供给新闻媒体采访与报道使用。

审核文件的范围和方法

名称	内容
审核范围	①立项文件：召开会议的请示和批复。 ②筹备文件：会议预案和策划书。 ③会议内容文件：议程、议案、决议、会议记录。 ④宣传文件：宣传提纲、简报、新闻等。 ⑤服务文件：会议总结、报告。 ⑥现代信息载体文件：软盘、光盘、磁盘。 ⑦会议主题文件：开幕词、讲话稿、主题报告。 ⑧会议程序文件：会议议程表、日程表。 ⑨参考文件：部门统计报表、财务报表。 ⑩管理文件：会议须知、会议规则、作息时间、食宿安排等。 ⑪成果文件：会议记录、纪要。

续表

名称	内容
审核内容	①文件的准确性和完整性。 ②文件的具体内容。
审核方法	①对校法：如果定稿需要改动的比较多，就要采用对校法，逐字逐句对校。 ②折校法：原稿放在校对者正前方的桌上，校样拿在两手的食指、大拇指和中指之间（右手同时执笔）。从第一行起校一行折一行，使原稿每一行的文字紧紧靠近校样上要校的那一行文字。折校法一般适用于原稿是打印稿或铅印稿，而不适用于手写稿。 ③读校法：即一人读定稿一人看样稿。审核内容浅显易懂，专业术语少的定稿使用读校法。
审核程序	①起草文件的秘书从起草过程中自审文件内容。 ②主管秘书初审。 ③如果文件内容涉及多部门，要进行会审。 ④审核修改完成的文件，呈领导终审。

五、把会议通知印发好

　　召开会议的时间、人员、地点等基本问题确定以后，要尽快发出会议通知，给参加会议的人员留出准备时间。

　　会议通知一般有书面通知、口头通知和电话通知。

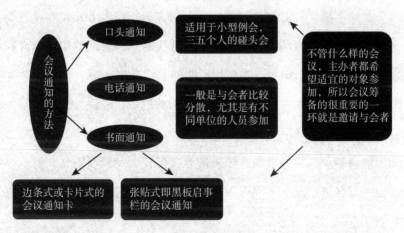

（一）会议通知的基本内容

（1）会议的背景、目的和名称。名称一定要写全称。

（2）主办单位和组织机构。联合主办的会议，要写明每一主办单位名称。如成立组织委员会、筹备委员会、指导委员会、学术委员会等会议组织机构的，要写清机构名称、人员组成情况等。

（3）会议内容和形式。如会议的主题、议题、讨论的提纲、议程安排等。报告会应当写明报告人的姓名、身份和报告主题、配套活动的形式与内容。

（4）参加对象。如果通知是发给单位的，应当说明参加会议的人员的具体条件，如职务、级别、年龄等。专题工作会议应要求分管领导到会。参加对象如资格不同，通知中应分别用"出席""列席""旁听""特邀"等词语来对应，不能搞错。参加对象需要逐级推荐的，要说明推荐的程序。有的会议为达到一定的规模，通知中还规定每个单位参加会议的人数。

（5）会议的时间。包括报到时间、正式开始时间和会期。

（6）会议的地点。应具体写清楚会场所在地址的地名、路名、门牌号码、楼号、房间号码、会场、会议名称。

（7）其他事项。如参加会议的费用支付方式，报名方式和截止日期，有关论文征集、撰写、打印和提交的要求及截止时间，会议的正式语言和工作语言，入场凭证以及组织者认为必须说明的其他事项。

（8）联系方式。如主办单位或筹备机构的地址、邮编、银行账号、电话和传真号码、网址、联系人姓名，等等。

（9）注意事项。注意事项主要讲需要携带什么材料或物品，要不要提前报告与会人员名单，要不要报告报到时需接站的人数及所乘坐车次，以及有问题如何联系等。

会议通知无论采取何种形式，都应简明扼要，准确无误，切忌含混不清，更不能使用模糊语言，否则，会影响与会人员的准备工作和按时参加会议。

（二）会议通知的结构与写法

1.标题

会议通知的标题有以下几种写法：

（1）由主办者名称、会议活动的名称和"通知"组成。标题中标明主办者的名称有助于突出主办者形象，并方便查找检索。基本格式为：《××（主办者名称）关于召开（举行）×会议的通知》。

（2）省去主办者的名称，由会议名称和"通知"组成，用于多家单位联合主办的会议。由于主办者较多，都写入标题会使标题显得臃肿，可将主办者写入主文。基本格式为：《关于召开（举行）×会议的通知》

（3）仅写"会议通知"四字，仅适用于备忘录式会议通知。

（4）如需根据提交的论文水平确定与会资格的会议，第一轮通知可写为《×学术研讨会论文征集通知》《关于征集×学术研讨会论文的通知》，或《关于召开×学术研讨会的预备通知》。

2.发送对象

会议通知有两种发送对象，一是直接发给与会者本人，这种通知写明与会者姓名后加"同志""先生"等即可；二是发给特定的组织，称为主送机关，写法有以下几种：

（1）参加范围涵盖所有下属或被管理单位的，可以写统称，如国务院召开省市一级政府负责人会议，通知的主送机关写作"各省、自治区、直辖市人民政府"。

（2）只需少数特定单位参加的会议，可分别在每份通知上写明具体单位的名称，如"×局"。

3.正文

会议通知的正文部分可以按上述基本内容分成若干层次和段落，一般分为开头、主体和结尾。开头部分写明举办会议的背景和目的。主体部分可采用序号加小标题的形式写明通知的具体事项，如会议内容、参加人员、会议时间地点、要求等。结尾处写明联络信息和联络方式，也可用"特此通知"结尾或者省略结尾。

4.落款

如标题中已经写明主办单位的，只需在成文日期上加盖公章，无须再标明发文机关。联合主办的会议，通知的标题中要写明主办单位的，落款应当加盖主办单位公章。有时也可以组织委员会、筹备委员会或秘书处的名义落款。

5.成文时间

用数字写明具体的年、月、日。召开重要会议的通知，必须使用国家规定的公文标印格式，眉首、主体、版记各项要素必须齐全。

六、把会议票证印制好

证件是表明一个人身份和权利的证据。会议证件是表明与会议直接有关人员身份、权利和义务的证据。

与会议直接有关的人员，根据其不同的身份、权利和义务，应当分别持有不同的会议证件。持会议出席证者是会议的当然参加者，持会议列席证者是被邀参加会议者，持会议工作证的是会议工作人员，他们的权利和义务有明显的不同。

（一）会议证件的作用

制发会议证件有五个作用：一是为证明与会者身份提供凭证；二是为了保证会议安全；三是为了统计到会人数；四是便利工作；五是留作纪念。

（二）会议证件的种类

依照用途，会议证件可分为两大类：一类是会议正式证件，包括代表证、出席证、列席证、签到证、旁听证、来宾证、入场证、请柬等；一类是工作证件，包括工作证、出入证、记者证、汽车证等。

1.会议正式证件

（1）代表证。代表证发给代表大会或代表会议的代表。如党代表大会、人民代表大会，均要制作比较精美的代表证，发给代表，借以证明代表身份和留作永久纪念。代表有发言权、表决权、选举权和被选举权。有的会议设候补代表，也发给代表证，但候补代表没有表决权、选举权。代表出缺，候补代表即可依次递补为正式代表，此时即享受正式代表的权利和义务。

（2）出席证。出席证发给会议的当然参加者，如党中央全会的出席证，只发给中央委员和候补中央委员。各级代表大会为了使代表保护好代表证不受磨损，也可制作出席证，以供出入会场、住地之用。一般来说，出席会议的同志既有发言权、表决权，也有选举权和被选举权。

（3）列席证。列席证发给因各种原因需要列席会议的人员。列席人员可以参加会议，但只有发言权，而没有表决权；只有被选举权，没有选举权。

（4）签到证。签到证是为了统计到会人数而制作的，发给需要签到的与会人员。

（5）旁听证。旁听证发给特邀参加会议者，旁听人可以听会，但没有发言权、表决权、选举权。

（6）来宾证。来宾证与旁听证起同样的作用，不同之处是名称更郑重一些，发给特邀参加会议的国外和国内的贵宾。如中国共产党第八次全国代表大会就曾经邀请过国外兄弟党的同志参加，给他们发的就是来宾证。

（7）入场证。入场证是参加会议入场的凭证，发给所有与会人员，一般为只开一次的会议使用。

（8）请柬。请柬也叫请帖，原是邀请客人的通知书，属于书信的一种。但现在的使用范围极为广泛，已经成为参加会议、活动的一种凭证了，具有证件的性质。纪念性、庆贺性的会议及有意义的活动，需要邀请有关单位或人员作为贵客嘉宾参加，往往用请柬，以示郑重。一般性的会议、活动不必用请柬。请柬发给被邀请者，一般只使用一次。制作请柬时，要在封面上注明"请柬"二字，字体一般要做一些艺术加工，有条件的可以烫金。书写时要顶格写被邀请者名称，然后交代会议内容、时间和地点，最后署邀请者名称和发出请柬时间。文字要简洁、明确，措辞要文雅、热情。

2.会议工作证件

（1）工作证。工作证给会议工作人员。大中型会议的会议工作人员比较多，会场比较大，往往需要分工作区域多设计几种工作证。如主席台上的工作人员用A工作证；在会场工作的工作人员用B工作证；其他工作人员用C工作证。这样可以有效地控制会场内工作人员的数量，减少会场内工作人员的流动，有利于维护会场秩序。分区域使用的工作证可用不同式样或不同颜色区分。

（2）出入证。出入证发给与会人员所带的随员。出入证只能出入住地，不能出入会场。

（3）记者证。记者证发给采访会议的摄像、摄影记者和文字记者。为了保持良好的采访秩序，大型会议的记者证也应有工作区域的限制。

（4）汽车证。汽车证发给有关单位和配备有汽车的与会人员，是一种可以出入住地的车辆凭证。

（三）会议证件的制作

1.根据需要制作会议证件

凡是大中型代表会议，如党代表大会、人民代表大会，均要制作代表证，还可制作出席证，并视需要制作列席证、来宾证、旁听证等。需要签到的会议需制作签到证。其他大中型会议，可以只制作出席证、列席证、来宾证和旁听证等，需要签到的会议要制作签到证。只开一次的大型报告会，可只制作一次性使用的请柬、入场证。小型会议如果开的时间比较长，参加范围也有一定的要求，那么也需要制作简单的证件，以便于会场管理，只开一到二次的小型会议，一般不制作证件。纪念性的会议，一般应制作比较精美的请柬。在请柬外观的设计上，款式的安排上，应当美观、精致、大方，同时又富于一定的意义和含义，具有很高的纪念价值。日常性工作会议不必制发会议证件。会议通知有时也可以代替会议证件。

2.会议证件的制作材料

根据不同会议的不同需要，会议证件可采用绸缎、塑料、卡片纸、布料等多种材料制作。比较庄严的代表会议的代表证，用绸缎、塑料加硬板纸制作比较好；一般会议的证件可用卡片纸精制，必要时封面可烫金、压膜；工作性证件使用卡片纸制作即可。

3.会议证件的设计

各种证件既具有使用价值，又具有收藏价值，所以，款式应当美观大方、精致实用。色彩应庄重、醒目，整体设计要力求反映会议内容。如中国共产党第十八次全国代表大会的代表证，用红旗色绸缎制作封面，封面上正上方烫金印着镰刀锤子图案，下面烫金印着"中国共产党第十八次全国代表大会"字样和"代表证"三个大字。整个代表证图案简洁，庄重大方，含义丰富。红色象征革命，镰刀锤子象征着中国共产党，金黄色表示辉煌成就，总体象征代表们在党的领导下，在社会主义建设中取得了成就，得到了党代表这个光荣而伟大的称号。

（四）会议证件的内容格式

各种会议的证件的内容栏不同，但总的来说，都应标明会议名称，使用者单位、姓名、性别、职务，发证日期，证件号码等，有的证件还应贴一寸免冠半身照片，加盖钢印，以防伪造。其式样可横可竖，可长可短，可大可小，证面颜色可红可绿，可深可浅。有条件时可以烫金压膜，没有条件时也不必勉强。不过最好每次会议所使用的各种证件在式样、颜色上要有明显区别，以便识别。这次会议和下次会议所使用的证件也要有明显区别，以防假冒。有会徽或有显著特点的会议的证件可以印上会徽或显著标志。

比如"伟大的革命导师马克思逝世一百周年纪念大会"的各种证件，正面都印上了马克思的侧面头像，头像两侧或下方标注了马克思逝世年份和纪念年份，使人一看就知道是什么内容的会议使用的证件，而且使证件有了较强的纪念意义。再比如，有些在北京人民大会堂召开的会议所使用的证件上，以人民大会堂的简洁图案为衬底，使人一看就知道会议是在人民大会堂举行的，既醒目实用，又有艺术品的色彩。

各种票证颜色要鲜艳，且互相区别，以便于辨认。会议各种票证应于会议报到前印制好，出席证、列席证、工作证一般在报到时核发，座次证一般在举行全体会议之前临时分发。如会场有条件摆座签，最好用摆座签方法取代座次证。

【会议证件模板】

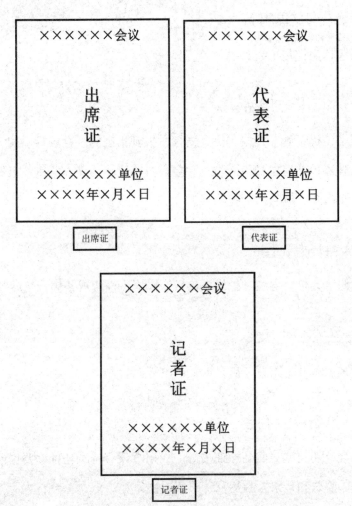

七、把会议用品准备好

按照会议方案中的预算，为与会人员购置文具等会议用品。会议用品的购置，由专人负责。本着勤俭节约的原则，严格按照会议经费预算执行，不奢侈，不浪费。

（一）常用文具用品

一般包括文件包（袋）、笔、笔记本等。

（二）指引标志用品

如接站（机）牌、接站（机）横幅、报到指引牌、会场指引牌等。其中会场指引牌还包括座位号指示牌、参会人员座区指示牌、座签、桌签、方位指示牌、座次图、应急指示牌等。

（三）会场装饰用品

如旗帜、会标、会徽、画像、口号（标语）横幅或条幅、气球等。

（四）生活卫生用品

如茶水、茶叶、茶杯、矿泉水、毛巾等。

（五）准备专门用品

表彰会议还要购买奖品、证书等。如果会议有选举任务，要提前准备选票、票箱、监票和计票人胸签及计票所需物品。

八、把参会人员编排好

（一）确定参会人员范围

参会人员的数量决定了会议的规模，参会人员的职级决定了会议的规格，同时影响到会议的成本开销。所以，在会议筹备阶段，对参会人员的身份与人数作出与会议内容相符合的限定，并在会议通知中予以明确，是一项不可忽略的工作。确定参会人员，既方便参会单位作出相应安排，也方便会议组织者做好会议期间的各项工作，如报到服务、食宿安排、会场服务等。

1.明确参会人员范围

哪些单位或部门必须要来参加会议，哪些单位或部门可以参加也可以不参加，哪些单位或部门根本就不需要参加，这在会议筹备初期就要根据会议的性质、内容予以框定。如果不对此作出比较明确的框定，可能会造成参会人员过多而导致会议接待压力增大、成本增加，或应该参加的单位或部门没有参加，不应该参加的单位或部门反而参加等情况，影响会议的效果。

2.明确参会人员职级

明确了哪些单位或部门应该来参加会议后，还要明确要谁来和要几个人来的问题，如有的会议要求参会单位必须要领导甚至是正职领导、分管领导才能够出席，有的会议只需要分管的业务人员参加即可，这要根据会议的性质、目的、内容等予以明确，以便参会单位派出最合适的人选前来参会，同时参会人员的职级也影响到会议的接待服务等工作。

3.明确参会人员身份

有的会议对参会人员在会议中的身份有明确的界定和区分，如将参会人员分为正式代表和列席代表、旁听代表和特邀代表等，不同身份的参会人员在会议中的作用和权利是不同的，如选举表决只能是正式代表行使的权利。明确参会人员的身份，既让参会人员清楚自己在会议中的角色，也便于会议组织者组织相应的会议程序。

4.列出参会人员名单

会务工作人员可以根据领导的意图，提出参加会议人员的参考名单，供领导选择。即使有些会议的参会人员是相对固定的，也需要提出参会人员名单，送请有关主管领导审定。特别要注意对列席人员数量加以控制，以免列席人员过多而影响会议效果。对于一些没有固定参会人员的会议，像大型报告会、传达会等，同样要在全面考虑后提出参会人员名单，请领导参考。

一般情况下，在确定和提名会议人员时，要控制好会议规模，除非特殊需要，参会人数不宜过多，否则会增加会议成本和会议组织的难度等。要做到宽严适度，准确无误地确定和提议必要的参会人员。

另外，确定参会人员时要考虑的因素：

（1）参会人员是不是必要成员？

（2）参会人员的级别或地位是否合适？

（3）参会人员在中心议题的专业知识方面是否确有需要或能有所贡献？

（4）参会人员是否直接参与会后执行？

（5）参会人员是否有利于会议目标的实现？

（6）参会人员是否具有达成某项决议的能力？

（7）参会人员是否能因参与会议而获得好处？

（8）参会人员是否具有行政或法律责任来进行审查或决定？

（9）参会人员是否能全身心地投入？

（10）参会人员是否会对他人造成妨碍，从而影响会议的整体成效？

以上只是一个确定参会人员的参考标准，具体视情况而定。

（二）与会人员编排分组

大中型会议在参加会议人员名单确定之后，要对与会人员进行编排分组。有的会议要分团，团里面再分组，这与分组属于一类性质，我们统称为分组。会议分组主要根据会议的任务确定，每组要确定1至2名召集人，如需要分组讨论，要划分每个组的讨论会场。

编排分组的目的是为了化整为零，便于讨论问题。一个会议，如果只开大会，那就用不着分组。如果要进行讨论，人又很多，就必须分成若干个代表团或会议小组。通常情况下，大一点的会议都要分组，全体会议和分组会议交替进行。许多高级党政机关会议的重要议题，一般都是先经过分组会的充分酝酿和讨论，然后才拿到大会上通过。可见，分组会议是全体会议的基础，与全体会议互为补充。

编排分组的基本方法，主要有以下几种。

1.按照地域分组

按照地域分组，是指以一定地理范围为依据进行横向分组。例如中央全会、中央工作会议，一般是按照过去划分的华北、东北、华东、中南、西南、西北六个大区进行分组的，每个大区内的省份组成一个组。省、自治区、直辖市召开会议，则根据地区分组，一个地区一个组。同样，地、市召开会议，则可根据县进行分组，一个县一个组。不属于地区的如中央国家直属机关、省级直属机关或地级直属机关，可以分别编入地区小组内参加讨论和活动。这种编组方法的长处是：每个组的与会人员平时工作上互有来往，彼此了解，相互熟悉，能够讨论得比较热烈。同时，由于多部门的人参加，发言可以互相启发，取长补短，沟通思想，集思广益，讨论的面比较宽。

2.按照系统或行业分组

按照系统或行业分组，是指按照工业、农业、科技、国防、宣传、教育、文艺、卫生等系统或行业将与会人员编排在一起，分为若干组。这种编组方法的长处是：相同系统或行业的人编在一起，既可以对有关问题进行比较深入的讨论，也便于不同地区的与会人员交流经验，广博见闻。

3.按照地域又按照系统或行业分组

这种方法实际上是前两种方法的综合。例如全国党代表大会、全国人民代表大会，就采用了这种办法，即按照省份和系统分别组成若干个代表团，这些代表团既有按地区分组的，如北京市代表团、山东省代表团；也有按系统组的，如解放军代表团、中直机关代表团、国家机关代表团。会议召集机关的领导干部有时候不参加分组，例如中央和国务院召开会议时的党和国家领导人，省级机关召开会议时的省级领导同志，一般不编组，自由参加小组讨论，愿意去哪个组就去哪个组。有的领导同志上午参加A组讨论，下午参加B组讨论，第二天可能又参加C组的讨论。这样有利于领导同志多接近群众，了解的面宽，掌握较多的情况和第一手资料。

4.编排分组时应注意的问题

（1）组的大小要适中。组过大，不利于与会同志充分发表意见；组过小，不利于与会同志相互交流。一般说来，应考虑这样几个因素：一是会议室的大小和多少。如果会议室多或较大，自然好办；如果会议室少而组分得小而多，则有的组就会失去讨论场所（当然，可将宿舍等作为临时讨论场所）；如果会议室小而组大，则座位会拥挤，影响讨论效果。二是会期的长短。会期长，时间充裕，组可以分得大一些；会期短，时间紧迫，组应分得小一些。三是参加会议人数的多少。与会人员多，组可以分得大一些，反之则要分得小一些。一般来说，1000人左右的会议每组人数不要超过50人；数百人的会议，每组人数不要超过30人。这样既有利于与会人员充分发表意见，又便于会务人员进行管理。

（2）要全面细致周到。要尽可能将召集会议机关的领导同志分散到各个组，不要集中到一个组。如果某领导同志平时负责分管某个地区或系统的工作，应将他分到该地区或该系统所在的小组。至于如何安排，需要办会人员具体情况具体分析，但要想得全面周到。

（3）对特殊情况要灵活处理。有的同志因工作或其他原因，表示愿意参加某个小组或不愿意参加某个小组的讨论和活动，对此要尊重他们的意愿，灵活处理，给予适当照顾，将其编入所愿去的小组。

（4）适当交叉。为了广博见闻起见，可将召集会议机关的领导同志经常更换编组，这次会议安排在这个组，下次会议安排在另外一个组，不要固定安排在某组。

比如，2015年3月5日召开的十二届全国人大二次会议，组织了多次讨论。以习近平总书记参加讨论为例，3月5日，参加上海代表团讨论；3月6日，参加江西代表团讨论；3月8日，参加广西代表团讨论；3月9日，参加吉林代表团讨论；3月12日，参加了解放军代表团讨论。由此可见，习近平总书记共参加了五个代表团的分组审议和讨论。

[范例]

××会议分组表

组别	参加人员	召集人	联络人	讨论地点
第一组	各直辖市代表	×××	×××	第一会议室
第二组	东北各省市代表	×××	×××	第二会议室
第三组	华东各省市代表	×××	×××	第三会议室
第四组	华北、华中各省市代表	×××	×××	第四会议室
第五组	华南各省市代表	×××	×××	第五会议室
第六组	特邀代表和其他代表	×××	×××	第六会议室

九、把生活保障安排好

主要包括食宿、车辆、医疗、安全保卫和通信等几个方面。会议方案确定后，要把会议人员、伙食标准及其他服务保障要求及时通知承办会议的招待所或宾馆。

（一）安排会议食宿

会议报到前3~5天，要督促招待所或宾馆进行会议生活供应的各项准备。

会议报到前1~2天，负责会议住宿安排的工作人员应进住招待所或宾馆，对与会人员的房间、床位和就餐桌位，要确定到人，并贴好门签、摆放好餐桌座签等。

根据会议经费和人员情况，决定会议餐饮标准，量入为出，既要吃好又不能浪费。就餐方式可根据会议的规模和性质确定，提倡实行自助餐和分餐制。就餐地点要明确，确定好就餐的凭证，如餐券，或是代表证，或是房卡等。就餐座位一般以正对餐厅门口的座位为主位，其右手为主宾，左手为次宾，依此类推。安排伙食时要注意有没有少数民族和因健康原因忌口的，并作出相应安排。

分配住房时要注意方案，搞准代表的职务、性别，避免出现差错。最好提前编制住房分配方案，长者、尊者、领导要适当照顾。具体安排住宿时，还要根据与会人员的职务、年龄、健康状况、性别和房间条件综合考虑，统筹安排。有时还要考虑便于集中讨论。

N

201	202	203	204	205	206	207
过　道							
208	209	210	211	212	213	214

101	102	103	104	105	106	107
过　道							
108	109	110	111	112	113	114

××宾馆房间分布图

注：表中的数字表示房间号，表格右上方的大写字母"N"代表朝向。

N

201 ×××	202 ×××	203 ×××	204 ×××	205 ×××	206 ×××	207 ×××
过　道							
208 ×××	209 ×××	210 ×××	211 ×××	212 ×××	213 ×××	214 ×××

101 ×××	102 ×××	103 ×××	104 ×××	105 ×××	106 ×××	107 ×××
过 道						
108 ×××	109 ×××	110 ×××	111 ×××	112 ×××	113 ×××	114 ×××

住宿房图

注：表中的"×××"代表与会人员姓名。如果宾馆的客房分别在几个不同的楼内，住宿房间图应当分别编制并注明楼号、楼层。

（二）车辆的保障

无论是接站、送站，还是会间组织参观见学等，都需要车辆保障。因而，做好会议的车辆管理工作，是办会的一个重要环节。

会议的车辆管理包括车辆的组织、调度、车况检查以及驾驶员的管理、派车用车等。

会前秘书处就要根据会议用车情况，作出详细的用车计划，内容包括需抽调或租用多少车辆，需安排多少驾驶人员，指定停车的场地，等等。

根据会议需要，提前抽调车辆和驾驶员，指定专人管理和调度。如果本单位无力保障，还可以到出租汽车公司租用车辆。租用外单位车辆时，应要求出车单位指定专门管理和调度人员一同住会，严格管理，加强保密和安全教育。

在会议用车的调配上，要注意合理安排，保证重点，满足需要。为防止出现差错，必要时可编制用车安排表。

会议集体用车，如运送与会人员到会场、外出参观、参加各种活动，要提前安排车辆，指定乘车时间、地点，并告知与会各代表团或小组。车辆较多时，要编制序号用红纸标贴在车辆前、后玻璃板上。车辆在指定地点提前等候，并由专人引导与会人员上车，指挥车辆按顺序行驶。会议零散用车，可根据工作需要临时调派。除领导用车随时保证外，会议工作人员用车要根据缓急程度统一安排，并应履行用车审批手续。车辆管理组要有人全天候值班。

（三）卫生的保障

较大型会议要建立会议医疗卫生服务保证制度，抽调医生、护士及食品检验人员，设立医疗和化验室。持续时间较长的会议，会议组织者可以设立会议临时医疗室，配备一些医务人员，或者选择会场周围的医院作为会议定点医院。要准备一些治疗感冒、腹泻、中暑乃至心脏病、高血压等常用药。会议期间，对于流行性疾病要做好免疫预防，对于年老体弱者要给予特殊照顾。

为了确保会议期间参会人员不因食品、饮水及环境卫生等原因生病，有必要对这些问题进行提前检查，如食品、饮用水等是否卫生，是否符合卫生法规定，必要时采取抽样检查或全部检查，防止食物中毒事件发生。其他饮用水要保证卫生，开水必须煮沸，餐具、茶具及时消毒，会场、住宿地符合卫生标准等，都要严格细致地检查或督促检查。

（四）通信的保障

在重大会议中，通信系统的保障格外重要。有的会议还要根据需要增设通信线路，架设电话。尤其是有重要领导参加的会议，一般还要架设专线电话。

要制订应急通信保障方案，成立通信保障小组，选派精干技术力量参加维护、抢修等工作，明确值班制度和要求，确保会议期间通信运行平稳。

（五）安全的保障

特别重要的会议，安全保卫工作是一项十分重要的内容。要制订会议安保工作方案，抽调安全保卫的执勤人员，做好会场内外的安保工作以及会议住所的安保工作。坚持内紧外松的原则，密切关注周围环境和人员，时刻保持高度警戒。遇有异常情况，要及时汇报，以便采取措施妥善处理；遇有紧急情况，要当机立断，果断处置，再向分管领导报告。

十、把文体活动筹办好

一般说来，根据会议性质、会期长短、参会人员特点、会议场所条件，适当安排文体活动，活跃会议气氛，让参会人员得到放松。

（一）活动原则

放松身心，确保安全，自愿参加，勤俭节约。

（二）活动内容

活动项目一般包括观看电影、参观学习、卡拉OK、文艺演出以及体育健身活动等，一般安排在晚间，时间不宜过长，以免影响次日开会。

（三）注意事项

文娱活动安排应在会议须知上明确说明，临时安排的应提前通知，需要与会代表互动的文艺演出等活动要事先摸清情况，确定文艺骨干或届时上场的演出对象，避免冷场。会期较长的会议，一般要为每个房间订1至3份报纸，并且要提前摆放，做到会议人员报到时，所订当日报纸已经摆放在房间内。

十一、把会场布置整合好

开会的场所就是会场。会场的布置是办会工作的重要环节。会场安排是否科学、会场布置是否合理，直接影响会议的气氛、秩序和效果。会场的布置应与会议内容相协调。不同的会议，要求有不同的布置形式。如党代会会场朴素大方，职代会会场庄严隆重，庆典会会场喜庆热烈，座谈会会场和谐融洽，纪念性会场隆重典雅，追悼会会场庄重肃穆，日常工作会场简单实用。那么，该如何选择和进行会场布置呢？

（一）会场整体布局的要求

会场布置包括主席台设置、座位排列、会场内花卉陈设等许多方面，要保证会议的质量，会议的整体布局要做到：

一是庄重、美观、舒适，体现出会议的主题和气氛，同时还要考虑会议的性质、规格、规模等因素。二是会场的整体格局要根据会议的性质和形式创造出和谐的氛围。三是大中型会议要保证一个绝对的中心，因此多采用半圆形、大小方形的形式，以突出主持人和发言人。大中型会场还要注意进、退场的方便。四是小型会场要注意集中和方便。

（二）会场整体布局工作流程

1.确定会场形式

目前，国内外常见的会场形式有十几种，如圆形、椭圆形、长方形、T字形、三字形、马蹄形、六角形、八角形、回字形、倒山字形、而字形、半圆形、星点形、众星拱月形等。不同的会场形式取决于会议的内容、会场的大小和形状、会议的需要及与会人数的多少等因素。另外，主席台的布置要注意整体的和谐，如是工作会议，主席台的布置基调应为蓝、绿色；如是庆典、表彰性的会议，主席台的基调应为红、粉色。

2.主席台的讲台

讲台应设于主席台前排右侧台口，不能放在台中央。讲台桌面要便于发言者打开讲话稿或摆放相关材料。讲台上主要放话筒，但也可适当放上一盆花卉。整个主席台的台口，可围放一圈花卉，但要选低矮些的绿色品种。党的十八大之后，一般不再摆放花卉。

3.合理摆放桌椅

开会用的桌椅的使用也有讲究，视不同会议的不同需要决定是否用桌子，用什么样的桌子和椅子。

桌子。工作性会议、传达性会议、报告会等需要与会同志做记录的会议，应当摆设长条桌或茶几，供记录、摆放文具纸张之用。座谈性会议摆不摆放桌子均可，一般摆放茶几比较好，摆放在与会同志面前或身侧都可以。茶话会摆放圆桌比较好。如果会场狭小，人多拥挤，也可不摆桌子，只摆茶几和座椅。桌子上最好铺设深色或白色洁净桌布。

座椅。座椅有软椅、硬椅之分，软椅中又有沙发、扶手椅、一般软椅之别。目前，我国的党政机关中，老同志很多，本着既要开好会议，又要照顾老同志身体需要的原则，不同类型的会议需要摆放不同的座椅。

日常工作性会议，由于开得时间比较长，一坐就是半天甚至一天，需要摆放舒适一点的座椅，一般以摆放扶手椅为好，扶手椅椅垫富有弹性，椅身较宽，有扶手，累时可以倚靠，而且比较高，和桌子正好配套，但要略微多占点地方。时间不长的会议，或者参加人数比较多的会议受地方限制，也可以只摆放一般软椅。根据医学专家和心理学专家研究，开会坐这种椅子可令人精神振奋，注意力集中。座谈性会议，特别是老同志参加的会议，以摆放沙发比较好，可以适当减轻与会同志的疲劳。当然，也要注意，有的年老行走不便的同志，反而不能坐沙发，坐下后不容易起来，还是坐扶手椅比较好。硬椅的舒适程度要差一些，有条件的尽量不要硬椅，没有条件的另当别论。在摆放桌椅时，要注意留下人行通道，供服务人员上水和与会同志出入使用。

工作人员使用的桌椅如记录桌，要摆放在四周既能统观全局又面对会议主持者的地方，但也有将工作人员的座位放在比较显著的位置上的。

4.布置附属性设备

音响布置：扩音设备、耳机、同声翻译、麦克风等。

声像布置：立体电视、激光、全息电影、组合录像、电脑控制的多镜头幻灯等。

其他布置：温度、湿度、照明、通风、卫生设施、电源插座等。

5.话筒

发言席和主席台前排座位都应设有话筒，以便于发言者演讲和会议主持人或领导讲话。一般发言者和主持人话筒专用，其他主席台前排就座者合用两三个话筒，但一般置于主要领导面前。如果进行宣布命令、宣读上级领导贺信、祝酒等比较庄重和正式的活动，应在发言人座位前或者主席台前左侧摆放立式话筒。

6.后台

主席台的台侧或后台，应设主席台就座领导和与会者的休息室，以便于候会。主席团成员开会，也可利用后台休息室。

7.会场文字及装饰性布置

主要包括会标、横幅、宣传标语等，通常采用红底黄字或红底白字。会标就是大会的名称，要使用全称或规范化的简称。会标要端正美观，不仅字要规范，而且字的布局要匀称。

装饰性布置包括会徽、旗帜等，视情选择和布置。如北京人民大会堂宴会厅入口处，有一幅"江山如此多娇"的巨幅国画，意义深远，让人看了，自豪之情油然而生。

（三）会场布置形式与内容

1.会场布置的形式

会场的布置形式很多，从排列布局的不同可以分为上下相对式、全围式、半围式、分散式和并列式五种。

（1）上下相对式。是指主席台与代表席上下相对的形式，突出主席台的地位。适合召开大中型的报告会、总结会、工作会、代表大会等。

可以细分为：剧院式、课桌式。

（2）全围式。主要特征是不设主席台，参加会议的领导和主持人同其他与会者围坐在一起，容易形成融洽和谐的氛围，体现平等互助的精神，适用于召开小型会议、座谈会、协商会等会议。

可以细分为：圆桌形、回字形、多边形等。

（3）半围式。主要特征是在主席台的正面和两侧安排代表席，形成半围的形状，既突出了主席台的地位，又增加了融洽的气氛，适用于中型的工作会议、座谈会、研讨会等。

可以细分为：U字形、多边形、半圆形、T字形等。

（4）分散式。分散式即将会场座位分散为由若干个会议桌组成的格局，每一个会议桌形成一个谈话交流中心，与会者根据一定的规则安排就座，其中领导人和会议主席就座的桌席称为"主桌"。适用于召开规模较大的联欢会、茶话会等。

可细分为：圆桌形、方桌形、V字形等。

（5）并列式。并列式座位格局用于双边会见和会谈，将双方的座位安排为面对面的并列式、侧面并列式或弧形并列式。

2.常见会场布置形式示例

根据会议主题、性质、规模、内容、形式和会场条件等不同特点，可以把会场座位排列成不同的形式，较为常见的有以下几种：

①礼堂形或教室形

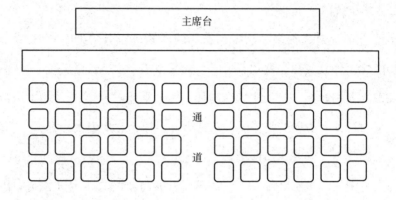

②中空圆形或中空方形

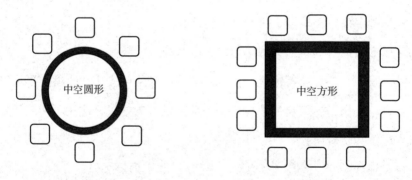

③中空椭圆形或中空长方形

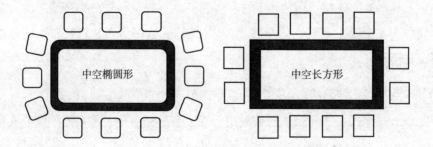

④椭圆桌形或长方桌形

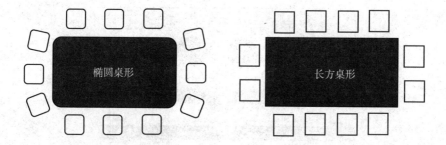

⑤U字形或叠层U字形

⑥扇形

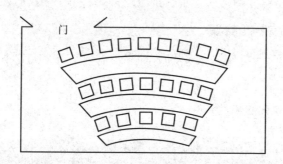

⑦多边形

⑧论坛式会场布局

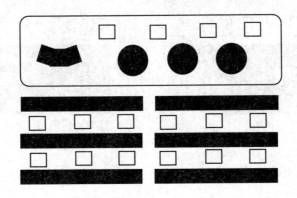

十二、把座次排定好

　　排定座次与会议成效的高低具有密切的关系。座次的排列是会场布置的重要内容。越是重要的会议，座次排定越重要。由于会议的性质和规模不一样，具体座次的排定也不同。

　　召开大中型会议，为了使会场有秩序，需要给每个人安排固定的位置。

（一）主席台座位排列

　　主席台座位要按满座安排，不可留空位。如因故不能来，要撤掉座位，而不能将座位空着，除非此空位另有象征作用。每个座位的桌前要安放好姓名牌，既方便入座，也便于台下与会者和新闻采访人员辨认。主席台座位不要排得太挤，桌上不要摆放鲜花之类的，以便于主席团成员打开文件，做记录，翻阅讲话稿，置放茶水、眼镜等物。目前国内主席台排定座次的原则：前排高于后排，中央高于两侧，左侧高于右侧。

　　主席台座位若有多排，以第一排为尊。第一排的座位以中间为尊，从中间开始，从主席台向会场看左为上，从观众席向主席台看右为上。

具体来说，从主席台向会场看，若领导总数为单数时，把1号领导摆在正中，2号领导摆在1号领导左侧，3号领导摆在1号领导右侧，依此类推。

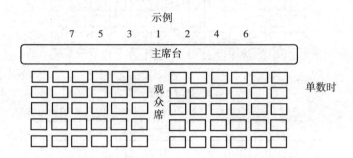

若领导总数是双数时，则把1号和2号领导摆在正中，1号领导在中间左侧，2号领导在中间右侧，依此类推。主席台只有两位时，左侧为首，右侧为次。

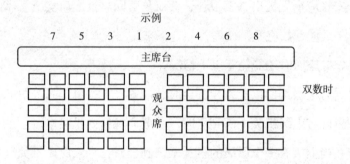

另外，当1号领导与2号领导职级差别较大时，还有一种单中心的摆法，即不论领导总数是单数还是双数，始终将1号领导摆在主席台正中，2号领导摆在1号领导左侧，3号领导摆在1号领导右侧，依此类推。在这种情况下，当领导总数为双数时，会出现主席台右侧（自观众席看）比左侧多出一人的偏侧现象。

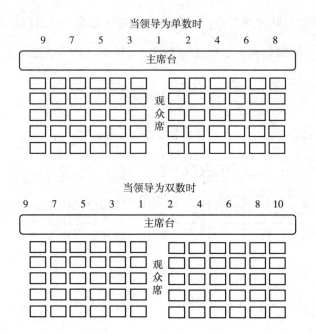

座位安排应事先提出方案报告，会议负责同志批准后实施。座次确定下来之后，一般应摆放座签，使座位固定下来。

安排领导座次时还需注意以下情况：

一是当有上级部门以上领导到会时，应安排在本单位同等职务领导之前的适当位置。有上级机关干部到会时，一般应视情安排在本单位主官之后的适当位置。当上级有多个层级的机关干部到会时，一般应以机关级别高低为准，而不以个人职务高低安排。

二是军队组织的会议，当有地方领导到会时，一般安排在本单位主官之后。如地方领导职务高于本级领导，应安排在1号领导位置。地方领导随员一般安排在第二排或本单位领导之后。

（二）主持人席位

会议主持人（一般即大会主席）的席位也在主席台上，具体位置在：一是居于前排正中央；二是居于前排的两侧；三是按其具体身份排座，但不能放在后排。

（三）发言者席位

发言者席位，又叫作发言席。在正式会议上，发言者发言的时候不宜坐在原处。发言席的常规位置有二：一是主席台的正前方，二是主席台的右前方。

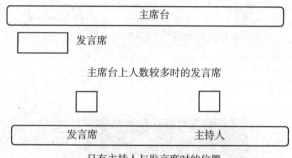

主席台上人数较多时的发言席

只有主持人与发言席时的位置

（四）与会人员座次排列

排列座次是党政机关召开大中型重要会议和举办一些重要活动时，为了保证会议和活动秩序井然地进行，按照一定的规律和比较科学的原则给与会同志安排座位，以便对号入座的一种方法，也是会前准备工作的一个组成部分。

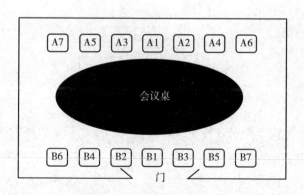

椭圆形桌宽边对门座次示意图

注：A 为上级领导或外宾席，B 为主方席。

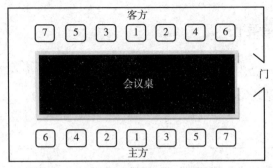

长方形桌窄边对门座次示意图一

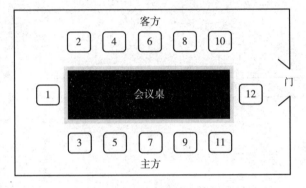

长方形桌窄边对门座次示意图二

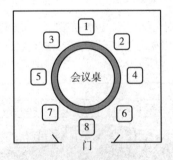

圆形桌座次示意图

　　若按照研讨式布局召开外事会议，会场的座次需要有些特殊的安排，需考虑翻译座次。

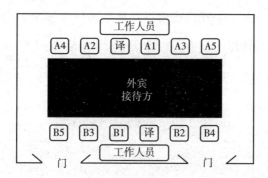

外事座谈会座次示意图

● **来访接待座次**

接待室主要是接待上级领导、重要单位或外宾来访时使用。室内布局多为圆弧形或U字形，布置有沙发、茶几等。主客各坐一边，以左为尊。接待上级领导的座次示意如图。

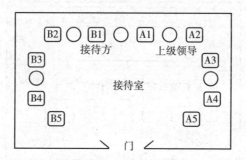

接待上级领导座次示意图

如果接待方为本系统上级领导以外的其他单位，A区坐接待方，B区坐来访单位，座次顺序不变。

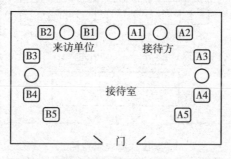

接待上级领导以外的其他单位座次示意图

若为外事接待活动，接待室内布局基本同接待系统外的来访单位，只在双方领导后设置翻译席。

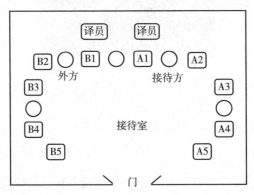

外事接待座次示意图

● **签字仪式、合影的布局座次**

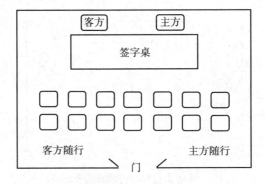

签字仪式座次示意图一

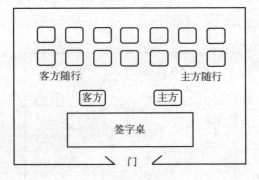

签字仪式座次示意图二

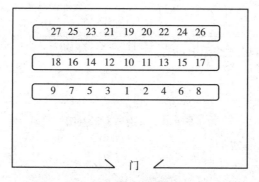

合影座次示意图

● 向上级领导汇报工作或上级领导来开座谈会座位安排

①长条桌

长条桌横对门时（中间一门或两边两个门）

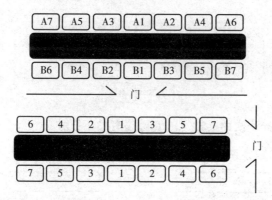

②圆形桌

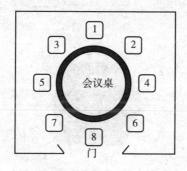

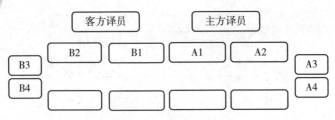

与外宾会谈时座次示意图

注：A为主方，B为客方。

- **三方会谈时方形会议桌的安排情况**

1	⑥	④	②	①	③	⑤
2	5	3	1	2	4	6

- **适用于双边的会议桌安排有以下两种情况**

译员　客方

6	4	2	1	3	5	7
7	5	3	1	2	4	6

主方　译员

- **其中在安排座次中，常见的安排法有如下三种：**

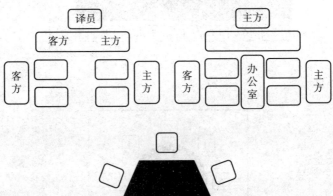

六边形会议桌布局示意图

1.排列座次的规则

排列座次是为了使与会者能够对号入座，因此，在排列座次时应当服从会议目的，便于开好会议，保持良好的会议秩序，同时照顾各方面的需要，体现民主平等精神。一般来说，有以下几种排列规则：

（1）凡有正式公布名单的，按照名单先后顺序排列座次。正式公布的名单，有的是以姓氏笔画为序排列，有的是以选举得票多少为序排列，有的是出于某种需要和考虑排列的，还有的是几种办法共用的。不论哪种，排列座次时都要严格按照正式公布名单的顺序排列，不能随心所欲地排列。

（2）按照选举结果得票多少排列座次。这种规则是得票多的排在前面，得票少的排在后面，得票数同样多的以姓氏笔画为序排列先后。

（3）按照姓氏的读音以汉语拼音字母字头的顺序排列座次，即音序排列。这种规则现在国内已不常用。如"李"和"王"，"李"的汉语拼音是"li"，"王"的汉语拼音是"wang"，它们的汉语拼音字母的字头分别是"l"和"w"。在汉语拼音字母表中，"l"排在"w"前面，因此，"李"姓排在"王"姓的前面。音序排列在国际上比较常用，不过是按照英语等外文字母字头的顺序排列。

（4）按照姓氏笔画为序排列座次。所谓按照姓氏笔画为序排列座次，就是按照人的姓氏笔画的多寡排列座次。姓的笔画少的排在前面，笔画多的排在后面。如"丁"字是2画，"王"字是4画，"刘"字是6画，其排列顺序应是"丁""王""刘"。如果姓的笔画一样多，则要按照汉字从左到右，从上到下，先内后外的规矩，依照汉字的五种基本笔画横（一）、竖（丨）、撇（丿）、点（丶）、折（乙，包括丁、乚等笔形）的先后顺序排列。如"王""牛""方"三姓，同是4画，而"王"字的起笔是横（一），"牛"字的起笔是撇（丿），"方"字的起笔是点（丶），依照横、竖、撇、点、折的顺序，这三个姓的排列次序是"王""牛""方"。同姓的单名（即姓名共两个字）排在复名（即姓名共三个字）的前面。如"王成"应排在"王三喜"前面。同姓又同是单名的以名字的笔画多少决定先后次序，如"李平"和"李贺"，"平"字是5画，"贺"字是9画，因而"李平"应排在"李贺"前面。同姓是复名的，以名字的第一个字的笔画多少决定排列顺序，如"赵一平"和"赵平一"，名字的第一个字分别是1画和5画，那么，"赵一平"就排在"赵平一"前面。同姓复名且名字的第一个字相同的，以名字第二个字的笔画多少决定排列顺序。如"张志强"和"张志刚"，"强"字是12画，"刚"字是6画，因而"张志刚"应当排在"张志强"前面。至于同姓又同名的，可以任意排列，排前排后都无所谓。（常见姓氏笔画排列速查表附本节最后）

以上讲的排列规则，同样适用于复姓。当然，也不能死搬教条，真正排列起来也要灵活掌握，特别是对于老弱病残的与会者，在排座次时需酌情予以照顾，尽量排在便于进出的地方。

2.排列座次的方法

根据不同的会议、活动的要求，座次有不同的排列方法。下面介绍几种常见的排列方法：

（1）横排法。横排法是按照公布名单或以姓氏笔画为序从左至右依次排列座次，先排出席会议的正式委员或正式代表，后排候补委员或列席代表。中央、省级党的委员会和代表大会的主席团等用这种排列方法比较好。中央委员会全体会议的座次排列就用的是这种方法。

横排法示意图

（2）竖排法。竖排法是按照各代表团成员的既定次序或姓氏笔画沿一条直线从前至后依次排列座次，正式代表在前，候补代表在后。每个代表团所占座位的宽度，可以是一个座位，也可以是两三个座位，这要视具体情况而定。每个代表团的排列次序按固有顺序从左至右排列，或以会场中心座位为基点，向两边交错扩展。大型代表大会采取这种排列方法比较好，党的全国代表大会的座次排列就用的是这种方法。

A	B	C	D	E	F	G	H	I	J	K

A	B	C	D	E	F	G	H	I	J	K

A	B	C	D	E	F	G	H	I	J	K

竖排法示意图

（3）左右排列法。左右排列法是按照公布名单或以姓氏笔画为序，以会场或主席台中心为基点，向左右两边交错扩展排列座次。中国传统习惯以左为上，以左为尊，因此，排在第一位的同志居中而坐，其余同志依先后顺序，以居中坐的同志为基点，按一左一右、先左后右排列座次。主席台和领导同志接见照相时采取这种排列座次方法比较好。使用这种方法时，要注意人数。如需排座次的同志为单数时，排在第一位的同志居中坐；如需排座次的同志为双数时，排在第一、第二位的同志两个人居中坐，这样才可保持两边人数的平衡。

F	D	B	A	C	E	G

F	D	B	A	C	E	G

F	D	B	A	C	E	G

左右排列法示意图

以上三种方法是一般情况下的通常做法。有些场合领导同志专门对座次问题有过交代，则按领导交代办；有的场合情况比较特殊，则要视情况而定，不必拘泥于上述方法。比如报纸上发表过一幅照片，是毛泽东同志和几位革命老前辈的合影，按常规应当是毛泽东同志居中，但这幅照片上却是几个革命老前辈居中，毛泽东同志站在最边上，这充分体现了毛泽东同志尊重老同志的谦虚、崇高的品德。

3.排列座次应注意的问题

（1）排有固定座次的，应当在出席证、列席证上注明座次是某排某号。

（2）应当在会议桌上摆放名签，便于与会同志认座和工作人员有急事时找人。名签可以是印制的，也可以是手写的。现在有一种名签插座，是塑料制作的，简单实用，名签插入后略微向后倾斜，便于识别。

（3）无论开会还是接见照相活动，只要排有座次的，都应印制座次表，发给与会同志人手一份，座次表上应标有方向，最好标上东南西北，不要只标左右。座次表上排列的左右，应当是实际坐下来时的左右，也就是与会者面对主席台或在主席台上就座的同志面对观众时的左右。会议工作人员应对与会同志进行必要的引导。

附：常见姓氏笔画排列速查表

画数	姓氏
二画	丁七卜乃刁刀力
三画	干于万才上山千门卫习马
四画	丰王天元韦云支扎木尤车牙比瓦日贝中毛仁仇乌卞文方尹巴邓孔
五画	玉甘艾古节左厉石布龙平东占卢帅申叶田史冉丘白丛印乐尕邝立冯玄闪兰宁
六画	邢戎吉巩朴有达列成毕匡师曲吕肉年朱廷竹乔伍仲任华向全多色邬庄庆刘齐衣关米江池汤安军祁许农孙阮阳牟纪司尼皮边母

续表

画数	姓氏
七画	寿麦芮花严苏杜巫李杨甫束来连肖时吴旷岑邱何佟佘余谷狄邹应辛闵汪沙沈宋迟张陆阿陈努邵
八画	武苗苟范茅林松杭郁欧郏卓尚果国易迪罗帕和竺岳金周冼庞郑单泽宗官郎房居屈盂
九画	封项赵郝荆荀荣胡南柯查柳硅战哈钟笃段修禹侯俞郗逄饶施闻姜娄洪洛宣宦官冠祖祝贲胥姚贺骆
十画	秦班袁热耿聂莫桂格栗贾夏烈顾柴党晏钱铁倪徐殷翁凌栾高郭席唐浦浩海涂容诸谈陶姬桑
十一画	黄萧萨梅曹戚龚盛常崔唱符盘麻康鹿章商阎盖梁寇扈尉屠隋
十二画	彭斯葛董蒋韩惠覃粟景黑稌程傅焦储舒鲁童普曾温游富谢强
十三画	靳蓝蒯蒲楚裘赖雷虞路简詹鲍解廉雍满窦褚
十四画	蔡蔺蔚藏裴管廖端赛谭瞿熊缪
十五画	樊黎滕颜阚潘
十六画	薛薄霍冀穆赢
十七画	戴鞠魏褰
十八画	瞿
二十画	籍
二十二画	穰

中国公务员职务层次与级别

级别	职务层次	代表职位（领导职位）	代表职位（非领导职位）
1	国家级正职	国务院总理	—
2~4	国家级副职	国务院副总理、国务委员 最高人民法院院长 最高人民检察院检察长	—
4~8	省部级正职	省、直辖市、自治区正职 国务院部委部长或主任	

级别	职务层次	代表职位（领导职位）	代表职位（非领导职位）
6~10	省部级副职	省、直辖市、自治区副职 国务院部委副职 国务院部委管理的国家局正局长	—
8~13	厅局级正职	国务院部委各司正职 省市自治区厅、局正职地级市正职	巡视员
10~15	厅局级副职	国务院部委各司副职 省市自治区厅、局副职地级市副职	副巡视员
12~18	县处级正职	国务院部委各司下属处正职 省市自治区厅局下属处正职 地级市局、区、县正职	调研员
14~20	县处级副职	国务院部委各司下属处副职 省市自治区厅局下属处副职 地级市局、区、县副职	副调研员
16~22	乡科级正职	乡长 地级市局下属处处长 县级市下属局局长	主任科员
17~24	乡科级副职	副乡长 地级市局下属处副处长 县级市下属局副局长	副主任科员
18~20	科员级	—	科员
19~27	办事员级	—	办事员

十三、把接站工作筹划好

接站是指在会议报到日当天，会议组织者安排会务工作人员到车站、机场、码头等交通工具停靠地点迎接参会人员的工作。尤其是大中型会议外地参会人员较多，及时做好接站工作显得更重要。依据与会人员报到时所乘车次，印制《接站安排表》，主要列清什么时间、接哪个车次的哪些人、什么车去接、由谁负责等，发给有关人员按表抓落实。如果是重要代表，还要安排相应职级的领导参加接站。

（一）汇总抵达信息

会务工作人员应当事先通过收集和整理会议回执、报名表等方式，掌握需要接站的参会人员的信息，如人数、身份、职务、级别、年龄、手机号码等基本信息，还有所乘坐的交通工具是火车、长途汽车、飞机还是轮船，抵达的具体车站、机场、码头及车次、班次、轮次和具体时间等。汇总上述信息后，可以编制成一目了然的表格，使接站人员人手一份，按分工的时间和线路迎接参会人员。当然，接站人员还要注意随时掌握参会人员抵达情况的变更信息。

（二）确定迎接规格

一般情况下，对参会人员的接站按照事先掌握的信息，合理安排工作人员和接站车辆分头进行集中接站即可。但是，如果有重要领导、嘉宾或外宾等来参加会议，则要做好单独接待，这里就有一个根据迎接对象的身份等确定迎接规格的问题，即会议组织者除派一般工作人员外，还应当安排有一定身份的人士亲自前往机场、车站、码头迎接。对这类人员的迎接要注意提前到达现场，专车迎候，并注意陪车等相关礼仪。

（三）安排接站人员

对于集中接站，根据事先汇总的代表抵达信息总表，安排接站工作人员并做好分工，必要时对接站工作人员进行培训。接站工作人员最好两个人一班，当参会人员抵达时，一个人引导参会人员上车，另一个人留在原地继续等候其他参会人员，这样也能够保证两人能轮换去卫生间、买水或食物等，避免出现"空岗"情况。另外，接站一般是将陆续到达的参会人员相对集中在一起派车送往住宿地，所以接站工作人员一般不必陪车。

（四）安排接站车辆

要根据接站需要，安排好足够的接站车辆。接站的车辆可以是组织方自己的，也可以是从专业的汽车出租公司或旅游公司租赁的，还可以二者兼有。无论哪种情况，都应该事先对司机进行简单而必要的培训，提出相应的要求，如提前到达接站地点、注意交通安全、礼貌对待参会人员、注意前后车辆的衔接等。为准确接到抵达的参会人员，可以编制会议代表接站安排表给接站人员和司机。

● **车辆座次示例**

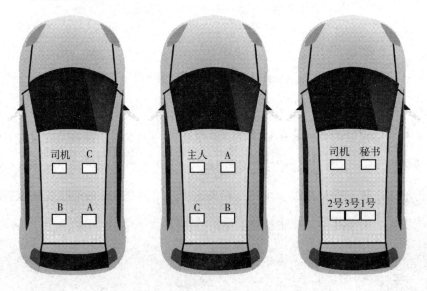

7座和11座商务车乘车座次。7座和11座商务车的座次顺序与5座不同，主要是考虑主宾的乘坐舒适度和上下车方便。

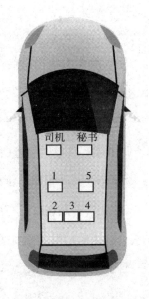
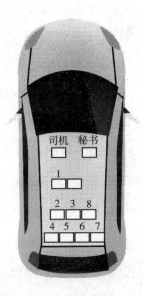

××会议与会人员接（送）计划表

单位	姓名	到达站（出发）	到达时间（出发）	人数	接（送）负责人	驾驶员	备注

××会议车辆调度表

车牌号	车型	载客	司机	目的地	出车时间	返回时间	备注

（五）准备接站标志

在接站处要准备好醒目的接站标志，便于参会人员出站后辨识，并能够迅速找到接站人员。可以使用接站牌或欢迎横幅。接站牌可以写上"欢迎参加××××会议的各位代表""××××会议接待处""××××会议接站""接××会议代表"等提示性文字。牌子要正规、整洁，字迹要大方、清晰，尽量不要用白纸写黑字。欢迎横幅的文字内容与接站牌相似，通常以黑色毛笔写于红纸上，或将写在红纸上的字迹以一定的规格剪贴在红色布帛上，也可以直接将字迹印制在红色布帛上，字体要精美，如果是剪贴的则要端正。

接站牌和欢迎横幅要放置得醒目、显眼。某些个别接站又是初次见面时，接站人员可以手举欢迎标志，上面写上"欢迎×××先生""接××主任"一类的字样。如果接站现场较大，人员较杂，还可以准备手提式扩音器备用。

（六）迎候参会人员

接站工作人员面对抵达的参会人员要热情有礼，周到服务。当有参会人员到达，应当简单地进行自我介绍，主动与其握手并略作寒暄表示欢迎。用语礼貌恭敬，态度亲切自然，多用尊称问候"您好""辛苦"等。如果参会人员携带行李较多，应当主动帮助提拿。如果是对重要领导、嘉宾的迎接，更要注意对迎接者与被迎接者的恰当介绍及安排坐车等细节。

另外，对于自备交通工具的外地参会人员，要事先通过合适的方式告知对方到达报到地点的详细路线图。

十四、把会议安保落实好

根据会议的性质、规模、内容、参会人员的级别，还要做好安保工作。

一些内容十分重要、需要绝对保密的中小型会议，也应安排好安全保卫工作。其他的中小型会议，如无特殊需要，由召开会议的部门组织本单位保卫人员，做一般性保卫工作即可。如会议需要专职保卫部门参加安全保卫工作，召开会议的部门应在会议确定召开日期后，立即通知会议所在地的警卫部门，如省、市（地区）、县公安部门，由他们负责筹划安全保卫工作的各项具体事宜。

（一）制订会议安全保卫工作方案

负责会议安全保卫工作的部门，应该参加会议的筹备工作，根据会议的要求，制订安全保卫工作方案。会议安全保卫工作方案中，应有组织领导、职责任务、具体工作要求等方面的内容。会议的安全保卫工作，应在大会秘书处的统一领导下进行。会议安全保卫的准备工作要做得细致而扎实、慎之又慎，不能遗漏任何一个细节。特别是要有预防突发事件的应急预案，以保证在关键时候，能迅速反应与应对，防止造成大的损失，或把突发事件造成的损失降至最低限度。

（二）会前安全保卫部门应做工作

在会前，会议安全保卫部门应做好的工作主要有：①与车站、机场、码头公安保卫部门取得联系，做好与会人员的接站与送站安全保卫工作；②与会议住所的保卫部门取得联系，安排会议会场、住所的安全保卫工作；③与交通管理部门取得联系，安排会议交通方面的安全保卫工作；④印制会议所需的证件，如会议住所和会场出入证件、会议专用车辆通行证件等。会议的安保工作和会议应急方案是互为补充的关系，都是为保障会议顺利进行而采取的防范措施。

十五、把应急预案拟定好

一些大型重要的会议、参会人数较多的会议，还必须制定会议的应急预案。

详细周密的策划可以将会议的风险降低至最小。然而有些事情确实是无法控制的，如火灾、恐怖活动或示威游行；或者突发医疗事件，某个与会者需连夜送往急救室。因此，为应对会议期间突发事故，保证与会者的人身安全和保持会议活动的连续性，会议筹备期间就要拟订会议的应急方案。虽然酒店、会展中心等机构一般都有各自的应急措施，但他们也更愿意与会议策划者和策划机构合作，共享措施，共担风险。不管怎样，作为会议主办方，拟订应急方案是必需的。

● **事物处理原则**

会议应急方案的作用主要有三点，一是可使会议的策划和筹备做到早做准备、未雨绸缪。二是可以有效地缓解危机，提高会议管理的效率。比如关键人员不能到会如何处理、住宿的预订不够如何解决、网络系统出现故障如何解决等。三是可以使会议工作人员能够统一步调，当问题出现时，能够有回旋余地。会议方案在拟订时要注意"有的放矢、预防为主、留有余地"三原则，具体内容包括会议举行过程中可能出现的问题（包括人员问题、场地问题、设备问题、资料问题、健康与安全问题、行为问题等）及出现问题时负责解决的会议工作人员两方面。

　　拟订应急方案的工作程序为：预测情况→准备应对备选方案→讨论会议紧急情况→确定会议应急方案。

　　处理会中突发事件的程序为：向领导报告→启动会议应急方案→实施应急方案→必要时向公共应急机构请求支援→善后工作（向受害者及其家属进行安抚、与媒体沟通）。

　　应急方案拟订后，要在思想上充分重视，在人、财、物方面措施要到位，并在实施的过程中坚持定期检查以随时增补内容。

　　以下是会议期间有可能发生的紧急事件及处理方法：

（一）人员问题及应对方案

　　会议中常见的人员问题是发言人、参加者或关键代表的缺席或无法按时到会。如果演讲人不能按时到会，可以考虑替代者。如果有发言人实在无人代替，可以修改议程。主持人可以临时额外给每一位发言人10分钟的提问时间，以弥补发言人的缺席。

（二）行为问题及应对方案

　　即会议中偶尔会出现的发言人行为不当或与会代表行为不当。要防止出现发言人行为不当或与会代表行为不当，一方面，要加强对发言人以往情况的审核，并加强发言前的沟通；另一方面，提前做好准备避免这种情况出现，如请行为不当者暂时离开会场等。

（三）健康与安全问题及应对方案

　　会议中有时会出现意想不到的情况，如突发性的火灾等各种灾害的发生，某位代表患上了严重或高度传染的疾病，因某种原因导致与会人员出现食物中毒等。会务人员可以提醒负责会议筹备的相关领导或组织专门的安全小组来负责相关事务。加强会前的安全检查，必要时要组织应对火灾等突发事件的演习，要派出专门人员负责把守安全通道。同时，大中型会议要事先安排好医护人员和应急车辆。另外，还要加强会议值班工作。

要根据与会者平均年龄、活动范围和过去举办会议的经验，提前做好预防工作。但紧急事件可能在任何时间发生，有些参加会议的人比其他人更容易受伤与生病，比较可能的病症是心脏疾病、中风和其他危害生命的病症，有些与会者因为改变饮食、喝酒、睡眠不足、疲劳、面临不熟悉环境、孤独、远离亲人致病。要使这些人得到照顾，就要有紧急医疗计划，也可设立紧急医疗系统、会场医务室等，进行紧急处理。

卫生问题是筹办大型会议的另一项重大挑战，包括饮食卫生与环境卫生两方面。大型会议通常都会选择环境良好的地方作为会议与活动的场地，因此环境卫生大致不会有问题。餐饮卫生是主办单位的大挑战，对上千甚至上万人参加的大型会议来说，更是要慎选餐饮合作对象，有人因食物不洁而腹泻甚至食物中毒，将造成无法弥补的损失，使主办方形象大打折扣。

火灾来势迅速且凶猛。如果没有适当的灭火器械或相应的工具，火势会蔓延得很快，与会者的生命将面临威胁，而通常在火灾中，浓烟和惊慌往往比火灾本身造成的死亡还多。酒店的客房内一般都贴有火灾逃离须知，酒店也有责任告知客人逃生步骤例如紧急逃生口，但作为大会的策划者和组织机构，也需要保护与会者并提供关于这方面的足够的资料。很多主办单位印制了防火手册，放在资料袋中一起给与会者参考，一个小小的动作可能挽救很多条生命。在做场地检查时（特别是高层楼酒店），要熟悉其安全设施，以下是安全设施注意项目检查表：

（1）是否有自动灭火系统（洒水式）？

（2）洒水口在哪里，走廊、卧室、公共区域、厨房？

（3）如果建筑物没有自动灭火系统，是否全部有防烟侦测器？

（4）建筑物的每一层楼是否有两个可移动的灭火器？

（5）火灾出口处是否可直接到建筑物外面？

（6）防火警示灯是否看得到和照明良好？

（7）在每条走廊中能否看见指引到火灾出口的灯？

（8）在电梯口是否有指引万一发生火灾请使用楼梯的标志？

（9）查一查灭火器上的条子，是否每月检查？

（10）在每一层楼适当位置上是否有防火手册？

另外，外地与会者在会议当地遇到盗窃事件也会留下不良印象，因此在重要会议期间，应加强安保工作，避免发生盗窃案件。

应急预案

名称	内容
应急预案	①会议开幕前对维护秩序等工作人员讲明注意事项，并开展突发状况应急处理演练。
	②对所有与会人员进行安检和身份核查，并且维持秩序，避免闲杂人员进入会场，避免与会人员携带危险物品进入会场，避免入场时发生摔伤、扭伤、挤伤和踩踏事件。
	③开幕前对会场室内外卫生进行彻底清理。
	④会议开幕前对会场所有的设备进行彻底全面检查，避免设备存在漏电的情况。
	⑤安排专人巡视会场设备，保证会间正常使用。
	⑥备有附近租赁公司和紧急维修部的电话。
	⑦会场备齐应急药品和相关器物，必要时拨打120。
	⑧提前确认主要发言人是否能正常出席，如果不能出席，视发言重要程度作出应对措施。如果不重要，可以取消；如果特别重要，找好代替发言人。
	⑨会前向发言人讲明发言原因，并对主持人进行应对发言人各种不当言行的训练。
	⑩会议开幕前可以选择一个备用场地，如果会场不够用，立即启用备用场地。
	⑪如遇火灾，现场工作人员要维持现场秩序，……及时报火警。
	⑫进场出场如发生……

会议常见事故预防与应急措施

类型	预防措施	应急措施
食品安全事故	①严把餐厅食品采购渠道和品质。②建立会议菜品留存制度。③加强厨师和服务员食品安全教育。④每日检查厨房和餐厅卫生情况。⑤控制生冷菜品的数量。	①发生疑似食品中毒，即刻上报。②陪同就医，症状严重者，尽快联系急救车。③查验食物样本，确定污染源。④注意观察未中毒人员健康状况。
紧急医疗救护	①确认会议地点是否有医务室。②安排专业医务人员跟会。③提前准备常用和普通急救药品。④掌握会议酒店附近的医院路线。	①出现疑似传染性疾病，即刻上报。②迅速就医，对相关场所进行消毒，对密切接触的人员进行隔离。③出现需急救情况，做好第一时间应急抢救，尽快联系急救车，并陪同就医。
场地调配问题	①及早预订会议场地、客房和餐厅。②根据会议报名情况及时调整预订。③预订时要根据计划人数打出富裕。④提前做好备选会议地点计划。	①会场、客房和餐厅不能满足使用，即刻联系销售经理，协调场地和房间。②食宿分流，将工作人员或部分会议代表安排至会场附近的备用酒店食宿。③设置分会场，将部分会议代表安排至分会场开会和食宿。

十六、把会前检查落实好

　　会前筹备工作结束后，必须进行全面的会务检查，防止出现遗漏，从而保证会议的质量和效果。

　　会前检查工作主要负责人或承办者，在会议报到的前一天，要组织相关人员对会议的各项筹备工作，包括会议通知、会议材料印制、会议用品准备、会场布置、房间安排、食谱制定、车辆调用、接站和报到安排等，组织一次全面检查。发现漏办事项或办得不理想的事项，要责成专人、限定时间立即补办或完善，发现其他问题也要随时研究解决，督促各组高标准、高质量地做好各项准备工作，保证会议按期召开。

（一）会前检查的内容

1.整体检查

（1）本次会议是否确实需要召开？

（2）开会的议题是否明确？

（3）开会的时机、时间是否恰当？

（4）开会的地点、环境是否合适？

（5）会议邀请的对象是否合适？

（6）是否已经拟定好会议议题的进行顺序及会议时间的分配？

（7）会议的保卫工作是否完善？

（8）是否已经安排好了会议记录？

（9）是否需要使用相关设备？

（10）准备工作是否已经完全就绪？

（11）会议的应急措施是否准备就绪？

2.会议通知的检查

（1）与会者是否已经得到通知？

（2）是否已经将会议的宗旨、议题通知与会者？

（3）是否要求与会者事先准备有关资料？

（4）与会者是否已经就议题做好准备？

3.会议文件的检查

（1）所准备的文件资料是否真实、准确？

（2）会议文件内容与议题是否相适应？

（3）会议文件是否与法律法规相冲突？

4.会议场地检查

（1）场地容量大小是否合适？

（2）场地光线明亮度是否恰当？

（3）场地通风是否良好？有无空调设备？

（4）会场场外指标是否明确、醒目？是否有未考虑到之处？如会场、厕所、休息室、接待联络场所、停车场、餐厅等。

（5）会场内外的接待人员是否适当，人员是否不足？

（6）签到位置是否合适？签到簿是否备妥？签字用笔是否能用？

（7）座次是否安排妥当？如果有旁听的听众，则听众与讨论者位置是否分割清楚？

（8）会议程序是否列入会议资料或另行张贴，若张贴，位置是否适宜？

（9）记录人员是否选定？如使用录音、录像，其设备是否备妥？

（10）发言稿、书写用笔是否备妥？

（11）白板、黑板、麦克风、扩音器、电脑、投影机、银幕、计时器、照相机等是否备妥？功能如何？

（12）如会议需要办理选举，则选票、投票箱、开票的计票板等是否备妥？检票员是否选定？

（13）如举行大型、重要会议，盆花是不可或缺之物，花盆大小、花种、花色均应配合场地、设备搭配，简单、素美是其原则。

（14）茶水供应、饮料、点心等项是会议中常备物品，应事前备妥。

（15）举行大型特殊性会议、重要会议时，如有准备纪念品赠送与会人员，会前纪念品的数量应查对清楚，不可缺少。

5.其他会议活动细节检查

（1）活动的宗旨。

（2）活动的范围。

（3）会场的预订。

（4）招待对象的层次。

（5）总人数（查会议通知的回执）。

（6）活动的日期及时间（注意避免与其他同业的活动冲突）。

（7）活动天数。

（8）筹备单位。

（9）活动负责人。

（10）各项活动的分工明细表。

（11）会议证件包括代表证、出席证、列席证、工作证等。

（12）制作来宾名册（姓名、地址、公司名称、电话、职衔等）。

（13）会议活动邀请函（应在活动日期前的 2 至 3 个星期寄送给对方）。

（14）必要的纪念品。

（15）交通工具。

（16）按规定应支出的酬谢费。

（17）会场布置。

（18）宴会的形式。

（19）饮料供应。

（20）视情准备烟酒。

（21）菜单的印刷。

（22）花饰布置。

（23）园景制作。

（24）看板及标示板。

（25）拍照及摄像。

（26）会议桌的选择。

（27）座位顺序（是否突出主宾、是否便于会议交流）。

（28）胸章及姓名牌。

（29）服务员的着装。

（30）新闻报道（文字及摄影）。

（31）资料的收发。

（32）住宿安排。

（33）特设专用柜台。

（34）费用支付（住宿、餐饮、电话费等）。

（35）用餐安排。

（36）服务柜台的工作。

（37）节目表演的总预算。

（38）新的工厂、公司落成的庆祝喜宴。

（39）展览展示。

（40）全部活动费用。

总之，会前检查是会务工作中必不可少的一环，对其应予以充分重视，并在相关工作中切实贯彻落实。

[大型会议流程清单示例]

××县委办公室大型会议工作流程

环节	工作模块	工作任务	具体内容	责任部门	责任人	时限要求	是否完成
会议确认	会议事由	会议名称	明确会议名称及会标名称。				
		会议时间	明确会议召开时间及集合时间。				
		会议地点	根据参会人数和方式明确会议地点。				
		出席人员	明确出席领导、参会人员范围。				
		议题及主持人	会议主要议题及大会主持人。				
		会议议程	根据领导安排明确会议议程、发言人名单。				
会议前期筹备	准备会议	会议室预订	根据参会人数确定会议室并安排领导休息室。				

续表

环节	工作模块	工作任务	具体内容	责任部门	责任人	时限要求	是否完成
会议前期筹备	准备会议	编写筹备方案	编写详细筹备方案、成立会务筹备工作秘书处，下设参观现场准备、会务工作、后勤接待、安全保卫、宣传报道五个组，明确每个组的责任领导、责任人、工作职责。				
		明确责任分工	各项准备工作责任到人，明确所需物品清单，备好工作用车。				
		确定协调单位	确定需提供协助服务单位和部门，明确责任人。				
	会议通知与反馈	编发会议通知	名称、时间、地点、人员、发文单位、签发。				
		反馈核实人数	核准参会人数和出席领导人数、职务、排序、座次，特别是有发言任务的单位和人员要落实好。				
	会议资料	准备和撰写	根据会议主题，撰写会议所需相关材料，包括讲话稿、主持词、会议议程、典型发言、决议决定等。				
		资料送审	所有文字材料及时送领导审阅审核。				
		校对定稿	文稿校对准确无误，与内容相关联的所有材料要由专人负责把关，公文格式要正确。				

续表

环节	工作模块	工作任务	具体内容	责任部门	责任人	时限要求	是否完成
会议前期筹备	会议资料	印刷装订	定稿材料提前印刷完成，交会务现场工作人员。				
		资料分发	领导用文稿提前送达领导本人或秘书，多份资料提前装袋、分组，主席台上所有文件提前分装，专人负责摆放。				
	人员分工	记者摄影	确定宣传报道方式，通知电视台、报社记者参会，全程录播的会议需通知电视台提前安排调试录播设备。				
		服务员	携带常用物品，从领导身后倒水。				
		播音员	需安排播音员宣读文件或名单的，协调安排好男（女）播音员，并将宣读内容送播音员提前熟悉。				
		会议记录	负责录音及文字记录。				
		礼仪志愿者	负责引领及递送奖品。				
		安保人员	交警指挥、电力保障、信访维稳、治安、医疗、城管执法等。				
会前	检查会议资料、会议设备、会议物品	文件资料	会议上需发放的文件资料全部到位，主席台文件摆放到位并仔细检查文件是否存在错误。				

续表

环节	工作模块	工作任务	具体内容	责任部门	责任人	时限要求	是否完成
会前	检查会议资料、会议设备、会议物品	音响、话筒、电脑投影、空调灯光	专业操作人员到位，话筒更换电池，调试音量，确保摆放正确，音量适中，电源可靠；投影摆放正确、牢固；空调提前打开；灯光开启。				
		会标条幅	内容及悬挂位置是否正确。				
		主席台	座次排列顺序，桌椅位置，热水、水杯、湿巾等是否到位。				
		休息室	热水、水杯、空调、灯光、卫生。				
		卫生间	确认卫生间位置，检查洗手液、手纸等是否齐全。				
		会场内	前排座位牌或每个位置的席位牌顺序是否正确（指示牌及其他物品）。				
		会场外	条幅、门口欢迎牌到位。				
	工作人员到位	会场内人员	按照会议前期筹备中人员分工情况，所有会场内有任务的工作人员到位。				
		会场外人员	主要是各负责单位工作人员、安保人员到位。				
会后	人员退场	车辆调整	领导车辆、司机提前到位。				
		领导退场	专人引领领导按预定路线退场。				

续表

环节	工作模块	工作任务	具体内容	责任部门	责任人	时限要求	是否完成
会后	人员退场	与会人员退场	打开会场主出入口,引导人员有序退场,避免拥堵。				
	清理会场	整理物品	整理会场桌椅,检查及搬运相关设备和物品,避免遗漏。				
		打扫卫生	恢复会场卫生,做好下次会议准备。				
	后续工作	宣传报道	新闻稿件送领导签字后按规定刊发。				
		会议纪要	尽早整理、编印会议纪要,送领导审阅后下发。				
		完善记录	完善会议文字记录及录音记录。				
		整理存档	与会议有关的文字资料、影像资料全部整理存档。				
		工作总结	组织相关会务筹备人员进行工作总结,梳理工作中出色及不足之处。				
其他类型会议应注意的事项	1.现场会:(1)要根据会议主题,提前确定好考察项目,准备好参观现场,每个考察点要有生产场面和项目效果图;解决好现场脏乱差臭、凹凸不平等问题,抓好考察点绿化、美化、亮化、净化工作,确保整洁、整齐;及时上报参观点简介,落实参观路线;制作悬挂好横幅,门口摆放宣传牌。(2)要做好"一对一"接待。对省领导及省直部门、兄弟县市的与会代表,根据他们的职务和所属部门,实行"一对一"接待。负责对与会代表全程跟踪服务,做好与会代表联络、迎送、导引、纪念品送达、会议信息服务等工作,确保严谨、细致、温馨高效。(3)搞好志愿者服务。①根据季节,提前准备好服务。②请专业人士和有经验的志愿者,进行礼仪培训。③考察现场时每辆车安排两名志愿者,负责分发相关用品等工作。(4)做好考察现场演示工作。准备工作就绪后,要组织交警、直播员、解说员、志愿者,到考察现场实地演示,确保每个环节不出纰漏,万无一失。						

续表

环节	工作模块	工作任务	具体内容	责任部门	责任人	时限要求	是否完成
其他类型会议应注意的事项		2.党代会：要准备党旗、党徽等，要安排人员食宿的，要提前确定人员信息，包括姓名、单位及职务、交通方式，并根据人数提前联系确定宾馆、餐厅，规定标准，安排车辆，确定接待责任人和路线引领组织人员，印刷会议指南，详细标明会议议程、食宿安排、乘车安排和相关活动安排。					
		3.表彰会：有颁奖内容的，要提前确定奖项，制作奖杯证书，准备光荣花绶带，制订颁奖方案，核实颁奖领导，受奖人员分组，礼仪人员演练，专人负责奖品次序，受奖人员上台引领，颁奖音乐等。					
		4.节庆类会议：除按上述要求安排好接待和乘车外，还要做好宴会安排，确定宴会主持人并准备致辞，做好宴会与其他活动之间的协调衔接，提前准备好礼品，专人采购、看护、发放。					

注：所有参与大型会议的工作人员要统一着正装。

（二）会前检查程序

会前检查分为领导听取大会筹备处各组汇报和现场检查两种方式，以后者为主。秘书人员应密切配合领导的检查工作。

1.以汇报形式检查程序

（1）会议筹备机构对会议的准备情况进行自我检查，由各个筹备小组将检查结果以书面报告的形式上报领导。

（2）会议领导小组经过协调，确定汇报会的时间和地点，并发出汇报会通知。

（3）会议领导小组听取汇报，并在会上现场解决各种需要协调的问题。

（4）汇报会后要以电话、现场指导等方式对检查中发现的问题予以催办和落实。

2.现场检查的程序

（1）先制定现场检查的路线和确定现场检查的重点，并通知有关筹备部门。

（2）将现场检查的项目制成检查单，以便记录和汇总。

（3）按照既定的检查路线和项目逐一现场核对，对达到和未达到预期要求的项目都要有明确的记录。

（4）对未达到检查要求的项目整理出整改和修订意见，并以电话、文件或会议纪要等形式及时通报给有关筹备部门予以纠正。

（三）及时与领导沟通

会务检查以及会议筹备应及时与领导沟通。会务筹备情况的检查结果可以通过三种形式向领导或会议工作人员汇报：书面形式，口头形式，协调会形式。

其实不仅仅是会务检查工作要向领导汇报，在会议筹备期间也应该随时和领导沟通。与领导沟通会议有关事宜要把握时间性、及时性、全面性三原则。

1.与领导沟通的方法

（1）定期向领导提交书面报告。

（2）由会议负责人定期向领导口头汇报会议的情况。

（3）领导亲自参加有关会议。

（4）其他途径，如通过举办小型会议向领导汇报工作。

2.与领导沟通的工作程序

（1）明确会议的目标。

（2）明确沟通会议有关事宜的方法或途径。

（3）检查沟通过程的时间、地点以及参加人员，指定会议记录人员。

（4）确定沟通过程中所需要的文件夹、音像等资料。

（5）向领导汇报会议的筹备情况及进展，同时应讲明会议筹备或举行过程中遇到的问题和难题。

（6）听取领导指示，或与领导者进行双向讨论，并完成会议记录。

（7）将记录通过某种方法送给领导。

十七、把会议代表慰问好

大中型会议，会务组还应于会前走访会议代表，了解其对会务工作的意见建议和特殊需求。

（一）安排领导看望

大中型会议开幕的前一天晚上，大会主办单位的领导、领导小组成员以及会议所在地区的有关党政领导，一起到各地代表的房间看望，以示欢迎。特别要去看望年事已高、德高望重的代表。对身份特殊的代表，比如党代会代表、被表彰人员或先进单位代表、来自偏远地区的代表、基层单位代表以及外单位外系统代表等，一般也应安排领导前去看望。

（二）领导即席讲话

看望代表的主要领导，要向代表们致以亲切的问候，对他们做出的贡献表示衷心感谢。强调召开本次会议的意义和目的，对代表提出希望。同时，要征求会议代表对会务工作的意见建议和特殊需求。

第3步

严组织

——会中服务

会议的各项准备工作做好了，接下来就该正式开会了。

办会工作人员在会议召开期间，要精心做好各项服务，精细安排好各项工作，否则，就会前功尽弃。

会议从报到之日即进入会中阶段。一般要根据实际需要，做好以下工作：

一、会议签到

会议签到，这是统计参加会议人员到会情况的一种重要手段，也是会中任务的重要内容之一。签到的目的是为了及时、准确地统计到会人数，并给档案工作留下第一手的准确记录。

（一）签到的方法

（1）簿式签到。与会者在会议工作人员预先准备好的签到簿上签署自己的姓名，表示到会。这种簿子利于保存，有纪念性的意义，但只适用于小型的会议，参加会议的人多了将会在会场门口形成拥挤现象，以至于秩序混乱，影响会议按时进行。

（2）证卡签到。会务工作人员将印好的签到证，事先发给每位与会者，入场交出一张卡片就行了。卡片签到也有两种办法：一种是签名的卡片，代表要在卡片上签上自己姓名才能入场；一种是不签名的卡片，由卡片上的固定号码代表出席人的姓名。重要会议使用过的多是签名卡片，上面也印有证件号码或座次号码。证卡签到适用于大中型会议，缺点是不便保存。

（3）电脑签到。与会者进入会场时把签到卡送进签到机，签到机立即将姓名、号码传到会议中心，并把签到卡退还代表，入场完毕，签到情况就立即在荧屏上显示出来。

（4）座次签到。与会者按照会议座次表就座，就表示已经到会。印制座次表，与会者座次安排要有一定的规律，同一地区或同一部门的人尽量集中在一起，便于与会者查找。

（二）签到的目的

签到的目的：一是凭证入场；二是统计到会人数。

统计到会人数，是一项急促而又细致的工作。领导同志往往在开会之前的一两分钟就向工作人员要到会人数和缺席人名单，这就需要会议工作人员以最快的速度统计出来，并且不允许发生差错。在不使用电子签到机的情况下，统计到会和缺席人名单，有两个办法：第一，按排按号（座）的顺序整理签到单，很少的工作人员就可完成这一工作。但是，这种方法必须等待参会人员大部分到会以后才能开始工作，在会前只能统计到会和缺席人数，不能很快提出缺席人的具体名单。第二，把座次表全图印出来（上面有排号、座号、人名），一边接受签到，一边在座次表上销号。这样做，可以随时知道谁已到会，谁未到会，任何时候有需要，都可以立即把到此时为止的到会和缺席人数以及缺席人的姓名告诉领导同志。

如果有人忘记带签到卡片，可以请他在一张纸上签名。会议工作人员再在座次表上找到他们的名字和位置，加以对证。

小型会议可以不用证件，由会议工作人员代为签到。会议工作人员持有本次会议应参加人员的名单，来一人划一名，随时可以知道到会的情况。这种办法极为简便，完全不用麻烦与会人，而且统计迅速。但是，有一个条件，会议工作人员必须认识本次会议的全部或绝大部分与会人，如果根本不认识或大部分不认识，就无法采用这种办法。如果富有纪念意义的会议，为了保存代表亲笔签到的手迹，也可不使用这种办法。

认人是对会议工作人员的一项业务要求。认识人不但在接受签到时是必要的，而且在会议进行中，对递送文件、作会议记录和谨防冒名顶替等，都极有好处。所以，会场工作人员必须尽可能地将与会人认全。

比较重要的会议都要签到。签到后核发会议证件、文具和会议材料。会议值班人员应及时向分管领导报告报到情况。

二、预备会议

大中型会议开幕的前一天晚上，一项程序性活动是召开"预备会议"。

预备会议是一项重要的工作，是大会日程中的重要一项。这不仅是程序上的需要，而且是大会组织形式落实的需要，更是对大会准备工作的最后一次检查。

（一）预备会议的通知

按预先确定的范围事先通知开会的具体时间和地点。

（二）预备会议的范围

领导小组全体成员；

当地党政领导（东道主代表）；

大会秘书处（组）和各组负责人；

被确定为小组会召集人的外地代表；

被确定为各小组联络员的人员；

大会领导小组或秘书长指定的人员。

预备会议一般由大会负责人或秘书长主持。

（三）预备会议的内容

（1）向与会者宣布大会组织形式和领导成员名单；介绍会务方面各组组长；分组方案；确定各小组组长、联络员、记录员。

（2）简述会议的宗旨、筹备情况和开法，需要研究的议题。

（3）宣布大会的程序和会议议程。

（4）介绍会议服务保障安排和打算。

（5）征求各组意见和建议。

（6）对如何开好会议提出希望和要求。

三、会场组织

会场的组织是一项严谨的工作。每次举行全体或分组会议时，会务工作人员都要提前进入会场，首先检查会场布置和设备，然后协助会议主持人做好会场组织工作。

（一）主要工作内容

（1）引导与会人员入场、就座。

（2）清点并报告到会人数。

（3）掌握和随时通知有关人员调控会场音响、温度、照明等。

（4）引导领导到主席台就座。

（5）发放会议文件。

（6）安排大会发言。

（7）组织分组讨论。

（8）做好会议记录。

（9）督促服务人员及时送水、倒水。

（10）组织会间休息和散会退场。

（二）处理应急事项

要灵活机动处理临时事项。如会议临时需要调整议程，增减议题，扩大或缩小与会人员范围等，要随时进行调度，作出适当安排。再比如，有关领导同志有紧急文件需要转送有关部门、会外有紧急文件要呈送领导人批阅等等。会务工作人员应当根据有关领导的指示和实际情况，采取相应措施，及时地妥善地给予解决。

会议进程中，可能发生一些意想不到的临时变故或突发事件等，会务工作人员应及时采取应急措施并向领导请示，按有关领导的指示，机智、果断地处置；必要时，协助会议主席（主持人）组织与会人员紧急撤离危险地带，妥善处理好突发事件带来的危机，减少对会议的影响。处理突发事件不是与外界隔绝的，需要会务工作人员进行内外联系，传递信息。

会务秘书要协助主持人组织好大小会议，并做好上下联络。要收集掌握会议动态，并随时把会议的进展情况、与会者的建议和要求向会议主持人汇报，同时要及时将主持人的安排意见及有关领导人的意图传达贯彻下去，做到上下沟通，有利于问题的解决。

会议在进行过程中，如会务工作人员接到寻找与会者的电话，应妥善地做好转接工作。一般而言，只要不是特别紧急的电话，均可先不转接，先记下相关内容，等待会议中间休息时或会议结束后再交给当事人；只有内容十分紧急的电话，会务工作人员才会用纸条通知当事人接听。

对会议进行过程中的来访者，如有急事，会务工作人员可请来人稍候，然后用递纸条的方式，告诉当事人自己来处理。

在内外联系、传递信息中，会务工作人员应该注意对会议内容进行保密，任何保密的会议内容都不可泄露出去。以免给与会人员造成伤害与财物损失。

四、领导活动

就每个个体而言，领导是会议活动当之无愧的主角，往往扮演主持人、讲话人的角色，一举一动关系到整个活动的成败和质量，不能出一点差错。

对会议中领导的活动，一定要细致再细致。

（一）提前报告

大中型会议，要安排专人负责领导的活动。按照会议议程，前一天晚上要向领导汇报次日活动安排，每次活动之前，要报告时间、地点、座次、活动内容等详细安排，准备好讲话稿等文件材料。会务人员手中还应留有备份，一旦领导忘记带可以随时补上。

（二）合理安排

有时领导不全程上会，只参加其中一项活动，这时特别要注意沟通协调，提前向领导汇报有关情况，使领导对整个会议情况全面掌握、心中有数，同时科学安排好领导的出发时间，搞好与会议其他程序的衔接。

安排领导同志的这些社会活动时，要立足于三点：一是要减轻领导同志的工作负担，对要求领导同志参加各项活动的部门和单位要有所控制。凡要求领导同志参加各项活动的，要经过核批，除了非参加不可的之外，一般不予安排，腾出时间让领导同志办更需要办的事。二是凡需要领导同志参加的各项社会活动，具体谁参加，要全面考虑，尽可能平衡，不要过多集中到某个人或某些人身上，以免使这些领导同志的负担过重，影响正常工作，同时，还要考虑到领导同志的身体健康状况。三是要会同有关部门考虑领导同志参加各项活动时的安全问题。需要指出的是，安排领导同志参加各部门的一些活动，会议工作人员只是提出初步意见，最后由主管领导同志决定。

可以给重要领导单独列一张表，把具体时间、地点、内容以及随同人员列上，便于领导安排日程。

时间	地点	会议内容	陪同人员
9:00~10:30	第一会议室	讲话	全体
10:40~11:50	第三会议室	参加第二小组讨论	×××、×××
14:00~17:00	第六会议室	参加第五小组讨论	×××、×××
19:40	驻地	看望慰问代表	×××、×××

（三）熟知程序

办会人员要熟知会议的整个程序，尤其是每次会议的主持词，都要及时掌握。主持词一般由材料组负责，有时也由会务组负责。无论是由谁负责撰写，会务工作人员都必须及时了解掌握和熟知会议主持词的内容。这是因为：会议安排的变动、学习讨论的重点、传达贯彻的意见等，一般是通过领导的会议主持词来公布和明确的。尤其是会议进行选举或表决等事项，会议主持词实际等于会议的"脚本"，会务工作人员必须熟悉主持词，才能协助主持人顺利完成会议预定议程。主持人是会议的灵魂人物。一次会议组织的是否成功，主持人的作用非常关键。

五、大会发言

开好一次会议，最为重要的就是让与会者畅所欲言，充分发表自己的意见。毛泽东认为，要如此，就必须创造一个宽松、自由的环境，允许大家在会上发表不同意见。1962年召开七千人大会的时候，毛泽东特意提出："我建议让人家出气。不出气，统一不起来。没有民主，就不可能有集中。因为气都没有出嘛，积极性怎么能调动起来？到中央开会还不敢讲话，回到地方就更不敢讲话了。"要让参加会议的人"出气"，就要"不挂账，不打击，不报复"。

发言必须针对问题，要讨论，要有争论有批评。用毛泽东的话说，就是要求参加会议的同志要长两只"角"。他在1955年3月21日召开的中国共产党全国代表会议上说："批评要尖锐。这次有些批评，我觉得不那么尖锐，总是怕得罪人的样子。你不那样尖锐，不切实刺一下，他就不痛，他就不注意。要有名有姓，哪一个部门，要指出来。""不要把棱角磨掉。牛为什么要长两只角呢？……是因为要斗争，一为防御，二为进攻。""我看，还是长两只'角'好，因为这是合乎马克思主义的。"

比较重要的会议，一般都在分组讨论的基础上，安排大会发言。

（一）发言的形式

有准备地发言。会务组要和材料组共同做好发言的组织安排。如会前已排定发言名单，准备好发言稿并打印好，届时组织有关人员发言即可。对重要会议的大会发言，还应提前组织试讲。

临时确定发言。如会议期间临时确定安排发言的，应通知有关人员抓紧做好发言准备，并将发言题目收集整理，呈主持会议的领导审定。对没有形成材料的发言，在发言后一般应将其发言稿留下，以便随后印发或留存备查。

（二）发言的顺序

发言顺序一般按编制序列排列，有时也可按发言内容排列。

要及时按发言顺序提前把发言人请到前台或台侧就座，以免出现临时喊人、上下讲台耽误时间等情况。

（三）发言的安排

安排大会发言的决定权属于大会有关领导同志。但是，会议工作人员可能被委托先提出意见，供领导同志审定。安排大会发言时，应当考虑以下几点：

（1）注意地区、系统、行业的平衡。在大会发言中，能听到不同地区、不同系统、不同行业的发言，使到会的同志更快地全面了解情况。

（2）注意主要领导同志与一般领导同志的平衡。例如：高一级主要领导同志的发言，往往文字较长，内容全面，政治性、理论性很强；而基层领导同志或做具体工作的同志的发言，一般文字较短，内容具体，实际材料丰富。把两者适当地穿插安排，会使发言生动活泼，效果会更好。

（3）注意主题平衡。每人的发言都有主题思想。一方面要安排符合会议精神的主题，以达到鼓动、宣传目的；另一方面也不要过分重复主题，相同内容的发言，不要紧连在一起，最好也不要放在一天，以免影响会场情绪，减弱会议效果。总之，要把相同内容的发言适当分开，使每天的会议不至于让人感到单调。当然，如果有实际需要，例如为了加强某种声势，反映某种呼声，还是可以把同一方面的发言集中安排在一起。

安排发言要有广泛的代表性，或以地区、部门考虑；或以阶层、职业考虑；或从代表性人物考虑，而这些都必须以服从大会为总体目的。

六、会议记录

不论会议规模大小，只要是重要会议都应记录。会议记录要做到：速记、准确、全面、整洁。

（一）会议记录的作用

会议记录要真实记载会议的情况，客观地反映会议的内容和进程，为日后分析、研究、整理会议内容提供主要依据。

会议记录是为上报或传达会议决定及贯彻会议精神提供依据的重要手段之一，也是为起草会议简报、会议纪要乃至正式文件奠定基础的主要手段。同时，也为日后查考历史提供了依据和凭证。

做好会议记录是会议服务工作中最重要的工作。能否做好会议记录是对一个机关干部听讲能力、理解能力和文字能力的综合考验。

（二）会议记录的写法

会议记录的结构，大体由三部分组成，即会议概况、会议内容和结尾。

（1）会议概况。主要包括：会议名称，会议时间，开会地点，与会人员（出席、列席、缺席），主持人，记录人，会议议程。

（2）会议内容。主要包括：会议的议题、会议讨论发言、会议决议事项。

（3）结尾。会议结束后，应在会议记录末页另起一行写上"散会"二字。

重要会议的记录，应由会议主持人审查，并在记录稿末尾签署会议主持人、记录人姓名，以示本记录有效。

（三）会议记录的类型

从记录手段上分，可以分为机动记录和手工记录。

机动记录是指用录音笔、语音合成机等一类机器将人的声音记录下来。从手工记录方法上分，可以分为特定符号记录和文字记录。特定符号记录是指速记，即用一些特定简便符号和缩写方法，快速记录人们语言的迅速而先进的书写方法，它是一个历史悠久的科学门类，其本身又分为多种方式。

文字记录又可分为详细记录和摘要记录。详细记录是指尽可能完整地有言必录，这种方式适用于某些重要会议，某些主要领导同志的重要讲话、系统发言等。摘要记录是指摘要点记，着重记录会议议题、发言要点、结论、决定事项等。因为汉字摘要记录比较实用，所以应用最广。现在高级党政机关召开的会议，如全国党代表大会、全国人民代表大会等，除了全体会议和中央主要领导同志做长篇重要讲话需要作详细记录、速记或录音外，小组会议基本上都采用摘要记录方式。

（四）会议记录的重点

（1）会议中心议题以及围绕中心议题展开的有关活动。

（2）会议讨论、争论的焦点及其各方的主要见解。

（3）权威人士或代表人物的言论。

（4）会议开始时的定调性言论和结束前的总结性言论。

（5）会议已议决的或议而未决的事项。

（6）对会议产生较大影响的其他言论或活动。

（五）会议记录的技巧

一般的会议记录大多只要求对会议主要内容进行记录，不强调全盘照记。

因而会议记录的一个重要技巧是如何确定记录的详略。一般的规律是：重要的会议要详记，重要的议题要详记，重要人物的发言要详记，分歧的观点、对立或不同的态度、办法或建议要详记，表决情况要详记。内容重复的言论可略记，阐述、解释性的内容和言论可略记，赞同性的发言、表态可略记，与会议中心议题关系不大或偏离中心议题的可略记。重要的报告和讲话要录音、录像。领导的即席讲话，一般也要录音，事后要按录音整理出讲话稿。会议记录要使用专用的会议记录本，力求真实、准确、完整、不遗漏主要观点，不改变讲话原意，有争议之处也要照实记录，客观地反映会议的内容和议程，为日后查考提供依据。

一般说来，有四条：一快、二要、三省、四代。

一快，即记得快。字要写得小一些、轻一点，多写连笔字。要顺着肘、手的自然姿势，斜一点写。

二要，即择要而记。就记录一次会议来说，要围绕会议议题、会议主持人和主要领导同志发言的中心思想，与会者的不同意见或有争议的问题、结论性意见、决定或决议等做记录，就记录一个人的发言来说，要记其发言要点、主要论据和结论，论证过程可以不记。就记一句话来说，要记这句话的中心词，修饰语一般可以不记。要注意上下句子的连贯性、可询性，一篇好的记录应当独立成篇。

三省，即在记录中正确使用省略法。如使用简称、简化词语和统称。省略词语和句子中的附加成分，比如"但是"只记"但"，省略较长的成语、俗语、熟悉的词组，句子的后半部分，画一曲线代替，省略引文，记下起止句或起止词即可，会后查补。

四代，即用较为简便的写法代替复杂的写法。一可用姓代替全名；二可用笔画少易写的同音字代替笔画多难写的字；三可用一些数字和国际上通用的符号代替文字；四可用汉语拼音代替生词难字；五可用外语符号代替某些词汇；等等。但在整理和印发会议记录时，均应按规范要求处理。

（六）会议记录的核对

在会议结束后要全面检查、核对记录，并对会议记录进行确认。这样，一方面可对会议过程中所记内容进行补充和校正，为整理工作带来方便，有利于提高整理工作的质量；另一方面使会议记录具有普遍认可的效力。

1.核对记录的方法

（1）对人记录，集体核对，然后分头整理，整理完后，再互相校阅。这种方法准确率高，不容易出现大的遗漏和错误，但花费时间较多。

（2）多人记录，集体核对，一起整理。即记录人员一边核对一边由一人执笔当即整理出来。这种方法准确率也比较高，但花费时间也较多。

（3）多人记录，分头核对，分头整理。记录人员整理时以自己所记为主，参考其他人的记录。这种方法整理速度比较快，花费时间比较少。但应注意不要遗漏，遇到问题应及时提出来研究，最好有一人统稿。

（4）一人记录，一人核对、整理。遇到不清楚的问题，记录员可与发言人本人或其他与会人员核对。

2.对会议记录进行确认的方式

（1）记录人在会议结束后，将整理的会议记录呈会议主持人过目，主持人在确认记录无误后签字，并在记录的结束处作出记录终止符号"#"，以防他人随意增添其他内容。

（2）在会议结束之前，会议记录人将本次会议记录的全部内容当场口述给全体与会者，如记录的内容有出入，可当场修正；如确认记录无误，且与会者集体通过，则最后由会议主持人在记录的结束处作出记录终止符号"#"。

（七）会议记录的要求

会议记录工作是一项政治性、技术性很强的工作，这种性质对会议记录工作人员提出了比较高的要求。宋代孔颖曾说过，记室之要，宜须通才敏思，加性情勤密者。意思是记室的事情包括记录工作重要而难做，需要思想敏锐、知识渊博、才能出众、勤快细心的人担任。这基本上提出了记录工作人员的条件。在现在来说，要做好会议记录工作，就要求会议记录工作人员从以下几个方面努力：

（1）实事求是，公正客观。在许多情况下，会议记录是赖以解决问题的依据，重要的会议记录还要载入史册，这就要求会议记录工作人员出于公心，对历史负责，对党和人民的事业负责，工作时不带偏见，不带倾向性，不凭个人感情用事，不凭个人的好恶而对会议记录任意增补或删改。

（2）业务精干，水平较高。参加会议的多为领导同志，各方面的水平比较高，会议过程中涉及的工作面也比较广，这就要求会议记录工作人员有比较强的适应能力，有较高的政治理论水平，较强的理解和综合能力，较高的文化水平和较好的文笔，较宽的知识面，这样在工作中才能游刃有余，胜任愉快。

（3）甘于吃苦，乐于奉献。做记录工作的同志，记录时思想高度集中，全神贯注，不得须臾休息，整理时也很辛苦，经常加班加点，废寝忘食，但又无名无利。这就要求会议记录工作人员要有先天下之忧而忧，后天下之乐而乐的精神，甘当无名英雄。

（4）文明礼貌，富有风度。会议记录工作人员一般多接触领导同志，要谦虚谨慎、戒骄戒躁，衣着整洁，注意仪表风度。

（5）遵守纪律，严格保密。由于工作关系，会议记录工作人员对许多秘密问题知道得早，知道的程度深、范围广，这就要求会议记录工作人员严格遵守保密纪律、组织纪律，严格按照保密守则办事，保管好会议文件和会议记录。会议期间坚守岗位，一般不中途离开会场。

（6）团结协作、互相配合。会议记录工作涉及许多方面，要同各方面保持良好关系。主动搜集有关资料，为立卷归档工作创造便利条件。有时会场没有专门的管理人员，这时会议记录工作人员要同时行使管理职责。

【会议记录模板示例】

七、分组讨论

分组讨论也是会中的一项重要工作，是达到开会目的、完成会议议程的重要手段。

（一）分组讨论的任务

（1）吃透会议精神，使与会者认清当前的形势、存在的问题、解决的办法、今后的任务。

（2）研究讨论会议议程规定的议题、议案以及今后工作的措施等，包括讨论、研究、制定一些办法、规章制度等文件，有时还要讨论会议纪要等文件。

分组会议对大会主办机关来讲，是使下情上传的好机会，通过各小组会议，可以获得大量来自基层的情况、问题、意见、建议等。

（二）分组讨论的原则

会议有各种各样，与会者的身份、岗位各不相同，在一起开会，如何分组，我们已在会议准备中讲过，不再赘述。但分组一定要根据会议任务的需要，有的放矢。

（1）在大会开幕式之后的第一次分组会议，往往是务虚性质的，谈思想认识等，起统一思想的作用，可以粗分，或以条条分，或以块块分。

（2）分组一般按地区分组，按专业分组。对于带有专题性的分组讨论会，要根据分管什么工作的人员就参加什么专题组的原则。当然有的综合性会议，与会者的情况比较复杂，分组应该讲究。分组的具体方案应由秘书组制订，并事先通知各位代表。

（三）分组讨论的引导

分组讨论，也许是原先并不相识的人坐在一起开会，要使大家畅所欲言，各抒己见，把话都说出来，需要各组组长和联络员做组织、发动、引导工作。开始讨论时必须启发，否则可能出现冷场，或者漫无边际，达不到开会的目的，因此，组长和联络员的组织、引导就相当重要了。要使讨论达到目的，应当注意如下几点：

（1）大会领导小组成员要深入各组，听取大家的意见，与大家共商大计，现身说法，宣传会议精神，虚心向基层来的同志请教。有的讨论会还应当出讨论题。

（2）大会领导小组或秘书处成员可以根据大会的宗旨，找一些与会者个别交换意见，请他们在小组会上积极发言，各组组长要做引导工作。

（3）大会领导小组和秘书处每天都要与各组组长、联络员（记录员）碰头，汇总讨论情况、代表们的意见和遇到的问题等，要把带有普遍性的问题汇总起来，领导小组要进行研究，做出解答，并通过组长带到各组去，沟通情况，引导大家深入讨论。

（4）对于讨论中反映出来的情况和问题，提出的建议、倡议等，秘书处要搜集整理，及时印发简报，一则是为沟通各组情况，引导大家深入讨论，二则是为了向上级部门报告会议进展情况。对于时间较长的重要会议，简报是向上级乃至中央、国务院领导反映情况，争取上级领导到会讲话、作指示的重要手段，是大会领导小组向上级口头汇报所不能代替的。

（四）分组讨论的要求

（1）分组讨论前，首先要协助各组落实好讨论场所，与各组召集人或工作人员保持联系。

（2）分组讨论时，会务工作人员一般应分头参加各组的讨论，掌握第一手资料。

（3）如果领导要分头参加各组讨论，要注意做好协调、分组、通知等工作。

（4）分组讨论的发言一般由各组工作人员负责记录，通过召集分组讨论情况汇报会、碰头会或收集各组记录本等方法加以汇总整理，向有关领导报告。

八、组织参观

（一）做好选点考察的准备

会议安排外出参观或召开现场会时，要事先派人员察看现场，与被参观单位商定现场会开法和参观路线，提前做好各项准备。

人数较多、路途较长的参观活动，要特别注意安排好途中的各项保障工作。一般要提前1~2天派人提前走一遍路线，熟悉沿途情况，与地方政府和交警部门联系协调，做好各项准备工作。出发前应准备好食品和饮料，按人数发放或提前放在汽车座位上。

（二）做好编组与安全工作

现场距离较远、需乘坐车辆时，要按组定车、编排车号，做好乘车组织工作和行车安全保卫工作。车队一般按照警车、领导乘车、会议代表乘车、救护车、备用车的顺序编队，司机应备有对讲机或其他通信设备，行车时注意前后呼应，避免掉队。

行车每3到4个小时应安排一次休息，休息地点应能提供座椅、热水和洗手间等。会议代表外出一般应有警车带道，随行医护人员进行医疗保障。如需在外用餐，应提前安排好就餐座次表并发给就餐人员，特别注意要组织卫生防疫检查，提前定好菜谱，尽量不选择生冷食品，避免食物中毒。

参观时，会务工作人员要分工把口，加强联络协调，统一指挥调度，维持好参观秩序。

九、接见合影

领导接见与合影，可以安排全体与会人员参加，也可以只安排其中的部分代表参加，接见与合影的时间可以在大会开始之前，也可以安排在会议结束以后。合影应在照片上方标明会议名称、时间、地点等文字内容，并尽可能在代表离会前发到人手。

（一）做好必要准备

事先要安排好摄影师，必要时，可请摄影师到现场察看场地，选定接见和合影的场地。室外集体摄影，要根据上午和下午的时间表，确定照相机的摆放方向和位置，并根据天气预报和天气变化情况，尽早提出更改意见。

集体照相位置的排序。要把参加照相人员站位图发人手一份。具体方法是：

1.前排座位排序

集体照相应将座位和站位分别排序。对在前排就座的领导要在椅背上贴名条。照相人员排序规则与主席台排座次规则相同。

国内合影时的排位，一般讲究"居前为上""居中为上"和"以左为上"。具体来看，它又有"人数为单"与"人数为双"的区别。在合影时，国内的习惯做法通常是主方人员居右，客方人员居左，即"以左为尊"。

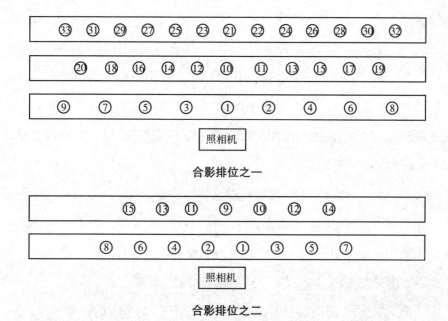

合影排位之一

合影排位之二

坚持涉外合影的排位惯例。在涉外场合合影时，应遵守国际惯例，讲究"以右为尊"，即宜令主人居中，主宾居右，其他双方人员分主左宾右依次排开。简而言之，就是讲究"以右为上"。

合影排位之三

2.后排站位排序

后排站立位置的排序方法很多，可以根据人数的多少灵活掌握。常用的方法有：

（1）按代表团（或按会议分组）分块排序。这种方法比较简单，易于组织，但各代表团（组）的位置不平衡。

（2）按"无序"排列法排序。"无序排列"并不是大家随意站，而是将各代表团（组）的人员人为地打乱原有的顺序，按照一定的规律重新组合。方法是：以各代表团（组）为单位各站成一路纵队，分别从各队第一名开始横向组合（第二名接第一名队尾，第三名接第二名队尾，依此类推），由站位的第一个行至中间，依次向两边排列，第一排站满后，再站第二排，直到全部站好。"无序"排列法操作比较复杂，但各代表团（组）的站位相对比较平衡，大家容易接受。

（3）"定位"排列法，即把所有站位标明牌号，然后对号入位。这种方法需事先设计好站位图，并发给个人，按号就位。"定位"排列法比较适合站立人数少，层次单一的队伍排列。人数较多时，应当按照排序图逐排组织，以防止发生混乱。

不论采取哪种方法排列，都应当注意使每一排站立者的位置相对错开，以获得最佳的照相角度。

此外，应当画出集体摄影安排的布置图，对在前排就座的领导人，一一在座位上写上名字。其他与会者进入摄影场地的次序和到达位置，都应编制计划，以避免蜂拥而上，造成秩序的混乱。

同时还要注意的是，组织集体照相应先从站立的队伍开始，待站立的队伍站好后，再请前排的领导同志就座。

（二）搞好现场指挥

摄影现场要设置一名总指挥，严格按照预定方案，实施统一指挥；无特殊情况，切勿随意地改变，以保证集体摄影活动有条不紊地顺利进行。

（三）备好领导讲话

如领导接见前需发表讲话，应提前准备好讲话稿，并报领导审阅。如领导发表即席讲话，应搞好现场录音，会后及时整理。人数较多时，要放置立式话筒。高级领导参加接见时，还应组织全程摄影、摄像，留作会议资料。

·合影站位示例

照相位置"无序排列"示意图

十、会议简报

大中型会议根据需要可以编印会议简报。

（一）会议简报的作用

会议简报是反映会议进程、讨论情况和交流意见的重要形式，也是会议领导与参加会议的人员之间和各组之间能互通情报，交流情况，掌握会议进展情况的一个重要工具。

（二）编印简报的要求

编印简报的一般要求是：标题要醒目，内容要精练，篇幅要简短，印发要及时。编写重要会议简报，要坚持真实性、具体性和简洁性原则。真实，就是尊重客观事物的本来面貌，所写的事例包括人名、地点、时间、数字、引语、情节、背景等都要准确无误。具体，就是力戒抽象、空洞、一般化，反映情况时，要用一个或几个单位的具体事实加以说明。简洁，要简单明了，短小精悍，最好能一事一报。

十一、会议值班

会议值班，是大中型会议和小型重要会议中不可缺少的环节。做好会议值班工作，要坚持细致具体，密切配合，分工协作，办事要及时准确，待人要热情耐心。

（一）明确会议值班的任务

（1）及时传递信息。会议值班的主要任务之一，就是能够及时传递或处理来自各方面的信息，使会议期间的信息随时都保持畅通状态，能够将需要紧急处理的信息及时进行传递，如果遇到特殊情况能够及时向有关方面或人员报告。同时，与会议期间的设备维修人员、车队调度人员等随时保持联系。

（2）认真处理函电。在会议值班期间，值班人员对于收到的内外部的邮件及文件要做好登记和收存，同时认真处理值班期间的电话事务，特别是给会议领导的邮件、文件、电话等，要在不影响领导会议工作的前提下采用合适的方式进行传递。

（3）处理应急事项。在会议期间，如果遇到如火灾等突发性的紧急情况，要遇事不慌，处变不惊，能够沉着、冷静、机智、果断地加以处理。采取适当的应急措施，如及时向领导汇报，与其他人员就近组织人员抢救等。

（4）做好安全防范。会议值班工作本身也是会议安保工作的内容，特别是当会议没有设定安保人员的情况下，值班人员更要责无旁贷地承担起相关工作，如加强对与会议无关人员出入会场的控制，特别是涉密性的会议更不能让人随便出入，等等。

（二）做好会议值班的记录

（1）值班电话记录。主要记录会议期间的来电时间、来电单位、来电人员姓名、来电内容、来电号码、是否需要回电等。

（2）值班接待记录。主要记录会议期间来访人员的姓名、单位、来访事由、联系方法、来访时间等内容。

××会议值班记录表

日期	时间	来电号码或来访单位	通话人或来访人	主要事由	接电话人或接待人	办理结果	备注

（3）值班日志记录。主要记录会议期间外来的信函、电报、传真、电话、值班巡视情况等，使接班人员保持工作的连续性。

（三）制定会议值班的制度

值班工作职责范围可以宽，也可以窄，值班人员可轮流和交换，但值班工作却不能间断，必须保持其连续性。在值班工作中，值班人员有时可能接受、传达上级机关、单位领导的指示，可能处理会议的突发性事件，要完成领导临时交办的事项，这些工作的具体内容和时间，一般都是事先不知道或需要应急处理的。要完成好值班任务，除了要求值班工作人员有较好的素质外，建立健全各项规章制度也必不可少。

（1）岗位责任制度。规定会议值班人员必须坚守岗位、尽职尽责，无论发生什么情况，都不能擅离职守，也不能干私活。

（2）信息处理制度。包括对各种渠道传递来的信息的基本处理程序，会议值班如何记录、登记，哪一类信息应报哪一级领导等。

（3）交接班制度。会议值班应坚持交接班制度，由前一天的值班员将所接收的信息及处理情况逐一交代给下一班值班员。对一些尚未办完的事项更要详细讲明处理情况，以便保证工作内容不断线。

（4）请示报告制度。规定会议值班人员如果遇到重要问题或无把握处理的问题，应当先请示后办理；对于特殊的突发紧急事件，可以边处理边报告，不可办而不报。

（四）编制会议值班表

值班表是将某一时间段中已经确定的上班人员的姓名清晰地记载的表格，作用是提醒人们按照值班表的要求值班，以保证组织整体工作的连续和完成。

会议值班表编制过程是先由主管人员就会议值班的时间和人员写出初步意见并绘制成表，然后将值班表报送主管领导审批；领导批准后，通知有关部门和值班人员；最后，根据实际情况调整和确认每天的值班责任人。

编制会议值班表时应包含以下内容：

（1）会议值班的时间期限和具体值班时间。

（2）会议值班人员姓名。

（3）会议值班的地点，并在会议须知上注明会议值班室的房间号。

（4）会议值班负责人姓名或带班人姓名。

（5）有时需用简明的文字表明值班的工作内容。

（6）标明人员缺勤的备用方案或替班人员姓名。

会议值班表示例

时间	班次	姓名	电话	备注
4月2日	白	杨阳	×××××××	
	夜	韩旭亮	×××××××	
4月3日	白	沈大虎	×××××××	
	夜	蒋飞健	×××××××	
4月4日	白	卫杰	×××××××	
	夜	褚家义	×××××××	

十二、安全保卫

一般情况下，重要会议、高级会议、秘密会议以及有重要领导出席的会议，都要安排安全保卫工作，采取警戒措施。

（一）安全保卫工作的主要内容

会议的安全保卫工作，涉及五个方面的内容：

（1）重要领导的人身安全保卫。

（2）会场的安全保卫。

（3）住址的安全保卫。

（4）交通途径与活动地点的安全保卫。

（5）食品、饮水、电器、财物的安全保卫。

（二）安全保卫工作的基本要求

安全保卫工作，通常由公安、保卫部门负责，必要时请有关部门给予协助。

（1）要抓好组织落实，设置警卫组织，做到有人指挥，有人执行。

（2）要搞好协调。会前要以协调会的形式，将与会人员情况、会议日程通知给公安保卫部门，会议期间督促检查这项工作的落实。

（3）要掌握情况，排除隐患，把工作做在前面。

（4）要坚守岗位，集中精力，密切关注周围环境和人员的变化。遇有特殊情况，当机立断，果断处置。

十三、会议保密

会议秘密包括三类：一类是党和国家的秘密。这类秘密一旦泄露，会给党和国家的利益造成重大损失。另一类属于领导系统内部不宜公开或者暂时不宜公开的事项，如正在酝酿而尚未确定的干部任免事项、领导人之间的意见分歧等。这类秘密一旦泄露，往往会给领导工作造成极大的被动。还有一类是商业技术秘密，如正讨论并将付诸实施的企业经营战略、技术方案等。这类秘密一旦泄露，会给企业或经济组织造成一定的经济损失，甚至是致命的打击。

（一）会议保密工作的等级

会议保密工作，以防为主。确定会议保密等级是会议保密工作的重要依据。按照不同的密级，要提出不同的保密要求和防范措施。根据我国的有关规定，会议密级划分为三级：

（1）绝密。讨论党和国家的绝密事项，研究政治、经济、科技、军事、外交等重大问题的部署和行动方案的，划为"绝密"。这是我们上面所提到的第一类秘密。

（2）机密。讨论一个地区、一个部门的重大问题，研究政治、经济、科技、军事、外交等方面活动情况的会议，划为"机密"。这种会议涉及党和国家的重要秘密，泄密会使党和国家的安全和利益遭受严重的损失，保密等级略次于绝密。

（3）秘密。讨论不宜对外公开的内容的会议，划为"秘密"，这是保密等级中最弱的一项。

（二）会议保密工作的内容

对于保密会议，以下内容都要进行严格的保守和保护。

（1）会议召开的时间、地点、参会人员的范围等。

（2）会议议题、日程安排等。

（3）会议文件、相关资料等。

（4）会议记录、纪要、简报等。

（5）尚未公布的领导同志在会议上的讲话、谈话等。

（6）会议照片、录音带、录像带等。

（7）其他一切应当保守秘密的会议工作事务。

对于非保密会议，则要根据会议性质、内容等，明确需要保密的事项。

（三）明确会议的保密纪律

会议保密纪律主要包括以下内容。

（1）不该说的会议秘密绝对不能随便说。

（2）不该看的会议文件绝对不能看。

（3）不该问的会议事项绝对不能问。

（4）未经批准，无关人员不得随便进入会议会场和机要文件存放室。

（5）未经批准，不得装置无线、有线扩音设备。

（6）未经批准，不准随便向外泄露会议的内容，不准随便印刷或抄录文件，不准随便录音或记录领导人的讲话。

（7）未经批准和授权，宣传部门与新闻单位不得将会议消息予以传播。

（8）不得在非指定的会场、房间阅读会议保密文件。

（9）工作人员要坚守岗位，不准擅自离开会议场所和住所。

（10）不准私下在通信中和电话、电报中涉及会议秘密。

（11）不得擅自携带会议秘密文件外出。

（12）未经批准，不得随便会客。

（四）把好会议保密的关口

（1）把好保密纪律关。召开保密会议，首先要对参会人员和工作人员进行保密教育，让所有人员树立起高度的保密责任意识，要求大家自觉地保守秘密，严格执行保密纪律。对于非保密会议，如果其中某些事项需要加以保守和保护，同样要对相关人员进行好保密教育，不可因为会议本身不是保密会议就掉以轻心。

（2）把好会议场所关。保密会议的召开地点不能对外公开。保密会议的场所要选择在具备保密条件、周围环境安全的场馆进行，不得在接待外国人的宾馆、饭店等处举行，如遇特殊情况必须召开的，应该采取保密措施。会场必须具备良好的隔音和屏蔽效果，以免声音和信号外泄。

（3）把好会议设备关。保密会议上使用的各种设备要有专人管理和使用，实行谁管理谁负责。会前认真检查扩音设备的保密状况，防止扩音设备产生寄生振荡泄密。会议期间必须使用的电话机、传真机和计算机要严格加密；复印机、传真机使用后，要及时删除信息痕迹；录音带、磁带、胶片和数码记忆卡要按密级保管；会场内严禁使用无线话筒；参会人员不得携带手机等移动通信工具进入会场，已携带的必须交工作人员统一保管。

（4）把好会议文件关。保密会议中使用的所有文件、资料都要列入保密范围，要有专人管理，统一标明密级，统一编号、登记和分发，严格控制发放范围。需要清退的文件，会议结束时要逐一清退，不留死角。允许参会人员带回的文件，要办理有关登记手续。领导人在会议上的讲话，未经审阅同意，会后不得随便整理印发。

（5）把好会议记录关。记录人员严格按规定和要求做好会议记录，会议明确规定不记录的不得私自记录。保密会议记录要视同秘密文件一样保管，未经批准，不得私自查阅、抄录、复印，不得与普通会议记录混放。必要的录音、录像、照片等资料同样进行保密性保管。

（6）把好会议人员关。保密会议要根据需要限定参加会议人员的范围，并对工作人员严格审查。参会人员入场时，要按参加会议人员名单验证入场，要求参会人员必须携带证件，并由本人签到，工作人员对实到人员记录在案。无证件者不得入场，与会议无关人员严禁入场。对需要列席会议的人员，要事先提交名单，报经领导人审定。参会人员随行人员因特殊情况需要进入会场的，应该报请批准。工作人员也必须履行报到登记手续，会议期间外出应当经过批准并记录在案。

（7）把好会议清场关。保密会议结束后，工作人员要立即进行清场。清场的重点，一是会场，二是参会人员住宿的房间。清场的任务主要是对文件、资料等进行清点，应该收回的要全部收回；检查有无遗留的文件、笔记本以及可能导致泄密的物品或痕迹，防止因为疏忽而泄露秘密。三是会议印发的属于保密范围的文件材料，在会议结束前应予以回收，以防发生失泄密事故。对因特殊情况而缺交、漏交的，会后仍要跟踪回收，不留死角。尤其对新闻单位或其他临时赴会借阅文件的人员，发文时一定要登记和交代清楚，离会时及时回收。

（8）把好会议宣传关。保密会议是否需要进行新闻采访和报道宣传，或可以报道哪些内容，要事先报经领导审批。如果需要进行一定程度的宣传报道，应当事先确定宣传的口径、程度、方式和范围。宣传报道要指定专人对新闻稿进行统一把关，避免因文字疏忽导致新闻泄密。

（9）把好会议传达关。传达保密会议精神要确定传达的口径、程度、方式和范围，应该根据会议的密级和规定的传达范围，在可以保密的地方进行。没有传达任务的内容不得传达，要求传达的内容不得擅自扩大传达范围。如需扩大传达的范围和内容的，应该报请上级机关批准。

十四、各类保障

会议期间，许多人临时聚集在一起，必然产生吃饭、住宿、交通、娱乐、医疗等问题。要确保与会人员专心致志地开好会议，必须认真细致地做好会议期间的生活管理和后勤保障工作。

（一）会议的食宿管理

会议饮食服务质量直接关系与会者的身体健康。要坚持勤俭办会的原则，按照国家有关部门规定的标准，尽最大努力，满足与会者在饮食方面的合理要求。

会务工作人员要认真做好饮食费用预算、采购、烹调、就餐等工作。会议餐饮要干净、卫生、美味可口，尽量地照顾到不同口味的人的需要。既要让与会人员吃好、住好，又要减少浪费。伙食安排，会前会议工作人员要定出伙食标准，会议期间注意督促检查。

要照顾到病号的需要，照顾到少数民族的与会者，照顾到有特殊需要的与会者。有条件的可设立病号席、清真席，实行分餐制度。对因开会误了用餐时间的人员，应预留饭菜。

在会议用餐中，桌次与座位是一个不可忽视的问题。按习惯，桌次的高低以离主桌位置远近而定，右高左低。桌数较多时，要摆桌次牌。宴会可用圆桌方桌或长桌，一桌以上的宴会，桌子之间的距离要适中，各个座位之间的距离要相等。团体宴请中，宴桌排列一般以最前面的或居中的桌子为主桌。各类宴会餐桌摆放与座位安排都要整齐统一，椅背达到纵横成行，台布折纹要向着一个方向，给人以整体美感。

礼宾次序是安排座位的主要依据。我国习惯按客人本身的职务排列，以便谈话，如夫人出席，通常把女方排在一起，即主宾坐在男主人右上方，其夫人排在女主人右上方；两桌以上的宴会，其他各桌第一主人的位置一般与主人主桌上的位置相同，也可以面对主桌的位置为主位。

住宿安排，对长者、尊者、领导以及女同志要有适当照顾，同时要考虑单位的相对集中，不同档次的房间合理分配。一般的做法是，根据房间的不同规格，结合与会人员的具体情况，列出住宿安排表，报领导审定后，按表住宿。

（二）会议的交通保障

与会人员的接、送，往往时间集中，抵离的车次、航班不一，要做到准确无误，组织工作相对复杂。会议工作人员要做好认真准备：一是要准确掌握与会人员的名单及抵离时间。会务组应在会议结束前摸清与会人员返程打算，早作安排。对外地代表，要提前2至3天问询车次、航班，预订车票、机票，并分别按出发时间编组，做好送站安排等。对本地代表，可以安排车辆统一送行，也可以由各单位自行派车接。二是要搞好指挥调度。离会的车票、机票提前早作计划。时间较短的会议，会前就要预订返程车票、机票；时间较长的会议，开会后要及时收集与会人员返程安排，并与交通部门联系，提前订票。

（三）会议的医疗卫生

组织大中型会议、重要会议，要根据与会人员情况安排医务人员随会保障。

会议召开期间，服务性工作内容较多，也很繁杂，有的工作还很琐碎。这就需要会务人员认真负责，严谨细致，不能出现漏洞，保证会议的顺利进行。

（四）会议的通信保障

会议通信保障工作的基本要求是迅速、准确、稳定、保密。会务工作人员事先要和电信部门联系、商洽，建立和利用纵横交贯的通信联系网络，保证会议使用的电话、传真、电子邮件、数据通信电路等畅通无阻。必要时可装设热线电话。在保证通信畅通无阻时，要注意保密，防止有关领导的通话或重要保密部分的通信被人所窃听，造成泄密的严重后果。

十五、会议报道

需要进行新闻报道的大中型会议或重要会议，业务部门要事先与新闻主管部门取得联系，根据会议的内容、参加领导级别等，安排或邀请记者随会采访报道。

（一）会议报道的原则

（1）要实事求是，明确宣传的目的，利于会议精神的执行。

（2）严守保密原则，不得在报道中泄露秘密。

（3）报道中的重要观点和提法要经领导审定，以免造成差错或失误。凡属领导内部讲话和未公开的会议文件，未经批准，不得公开发表。

（4）随时掌握媒体对会议的反映信息的报道，便于领导掌控会议效果。

（5）新闻报道应集中统一管理。凡是与会议有关的新闻稿件和图像影片等，在发表之前都要由会务组统一把关，并报相应领导审批。

（二）媒体接待的程序

会议过程中，应该尽量为媒体人员的活动提供方便。接待采访会议新闻媒体的程序是：

（1）媒体人员登记。一般来说，应对参会的媒体人员与一般参会者以及工作人员进行区别，会议组织者要对其进行登记，而且登记的地点要与一般参会者登记地点进行区分，登记时为其提供特殊的工作证。有些媒体人员在会前并没有注册，他们可能来自于一些与会议无关的刊物。此时是否接待他们应该取决于会议的主办者和会议主题，一般情况下最好放宽大门，不要约束过严。

（2）为媒体人员提供简单的会议材料。大多数媒体人员都喜欢自己决定采访哪些人，以及报道会议的哪些新闻。因此会议组织者可以为他们安排一个介绍会，简单说明会议整体结构，并着重指出那些可能引起他们兴趣的人和事件，并向他们提供简单的会议材料，让他们自己从全局上进行把握。

（3）安排拍照和新闻发布会等传统活动。会议方面应该为静态拍照和动态录像准备一个专门的场地，并准备相应的背景，所有参与拍照的人都应该得到充分的提示。如果录像的目的是为了进行电视报道，会议方面应该为活动安排特定的日期，以免错过播出时间。会议秘书还应该为摄影师提供所有参加拍摄的人员名单。会议组织者要为新闻发布会提供应有的准备，满足部分媒体人员要求将自己的录音麦克风连接在演讲台上的要求。发布会应该有规定的起止时间，为发布会制定程序，每个参会者都应该事先知道发布会的日程安排，以及是否可以在会上提问等问题。

（4）安排媒体沟通会。媒体沟通会是一种非正式的新闻发布会，参加的媒体在发布新闻时将不直接引用被采访者的话或者提到其姓名。媒体人员应该被明确告知该活动是不是媒体沟通会，因为有些媒体不愿意参加这样的活动。虽然媒体沟通会规定了一些限制，但是许多媒体人员还是希望参加，因为他们可以从中得到一些非常重要的消息。

（三）与媒体沟通的方法

（1）对媒体的研究和细分，是与媒介进行有效沟通的前提和基础。常规的划分方式有：

①从媒体性质可以划分为大众类报纸（日报和晚报型）、专业类（行业和产品类）、财经类。

②按地域性质可以划分为全国性和区域性；电视台（广播电台），可以划分为央视和地方电视台（广播电台）。

③按传播介质划分，可分为纸媒体和电波媒体、新媒体。

（2）与媒体的沟通可采用面谈、电话、文件、网络和新闻发布会等形式实现。

（3）与媒体记者保持互动。无论是正面还是负面的新闻报道，要在第一时间对作者进行反馈。

收好尾

——会后工作

一次成功的会议，应该善始善终、有头有尾。会议顺利召开和闭幕，只是完成了这一过程的主要工作。还有一个不可忽视的重要环节，就是会议的善后工作。

这项工作是整个会务工作的有机组成部分，是非常重要的工作。会议议程结束、代表返程后，会务工作不能同时结束，还要继续做好会议的善后工作。会后工作大多数由承办会议的部门或会务工作机构负责。

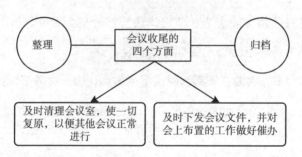

一、离会服务要友好

（一）离会服务的作用

会议结束后，办会人员要做好与会人员离开会议召开地，返回原单位的安排、服务工作。如果这一工作做得不好，会影响到整个会议的组织与服务工作的质量，使与会人员觉得会议管理松松垮垮、虎头蛇尾。特别是一些有外地人员参加的较大型的会议，如党代会、人代会等，做好代表们的离会工作就显得更为必要、更为重要了。

（二）离会服务的内容

离会服务工作的内容大体有：

及时和各位与会人员清理结算账目；提醒代表们归还借用的文件、物品，不要遗忘自己带来的文件和其他物品；为与会代表联系好飞机票、车船票；了解自带车辆人员的返回日程、路线以及车辆油耗等情况，如果他们有具体困难，要及时请示领导，给予解决。

在会务善后工作中，会务工作人员还应注意根据会期长短、外地与会人员的人数多少等实际情况，及早安排好外地与会人员的回程事务。预订好飞机、火车、汽车、轮船票，届时应安排好送行车辆，派人将外地与会人员送到机场、车站、港口，待他们乘坐的交通工具启程后，再返回会场。如有必要，还应安排有关领导同志为一些贵宾或特殊的与会人员送行。遇到有关问题，会务工作人员要及时请示领导，给予妥善解决。

对个别因为工作需要，还需暂时留下的与会代表，会务工作人员要帮助他们安排好住宿、膳食等方面的相关事务，以免使他们产生"会散茶凉"的感觉。

（三）送别与会的人员

提醒代表，勿遗物品。与会人员离会时，会务工作人员应提醒他们注意携带好自己的个人物品，不要遗漏在会场或住所内。尤其是充电器、剃须刀之类的东西。

热情洋溢，送离视线。在送与会人员离会时，会务工作人员可送到大门口、电梯口甚至送上车，安放好行李物品，并帮助关好车门。对待身份与地位较高的贵宾，各种礼仪更要做得到位。此外，会务工作人员不可在与会者上车后车未开动就匆匆忙忙地离去；应等待与会人员乘车离开自己的视线后，才能转身离去。这是一种应有的送行礼貌。

二、会议文件要存好

（一）收集会议文书

1.收集会议文件资料的要求

确定会议文件资料的收集范围。会前分发的保密文件要按会议文件资料的清退目标和发文登记簿逐人、逐件、逐项检查核对，以杜绝保密文件清退的死角。

收集会议文件资料要及时，确保文件资料在与会人员离会之前全部收集齐全。

选择收集文件资料的渠道，运用收集文件资料的不同方式方法。

与分发文件资料一样，收集会议文件也要履行严格的登记手续。认真检查文件资料是否有缺件、缺面、缺损的情况。及时采取措施补救毁损的文件资料。

收集整理过程中要注意保密。

2.需收集的文件资料

会前准备并分发的文件。包括指导性文件、审议表决性文件、宣传交流性文件、参考说明性文件、会务管理性文件。

会议期间产生的文件。包括决定、决议方案、提案会议记录、会议简报等。

（二）整理会议记录

有丰富经验的会议记录人员，可以做出漂亮的会议记录，有时甚至无须做多少整理，就可以送审、存档。但有些需要作为文件下发、作为新闻报道用的会议报告、讲话，仍需要进行整理。整理要有所取舍，修补不足。

（三）整理会议录音

要根据所录的中心思想，删除不必要的杂音，补充修正不足，形成连贯的文字稿，做到条理清楚，主题明确，文通字顺，内容饱满。整理完后，要送讲话领导或发言人审阅。

（四）印发会议纪要

日常工作会议之后，会务工作机构应该印发会议纪要和已决定办理的事项的通知，以便有关部门参照执行，同时也可以避免日后查找时动不动就翻原始的会议记录。

会议纪要不同于会议记录，会议记录如实记载，会议纪要则是根据会议的宗旨，用准确精练的语言，综合记叙议事要点和决定事项，它是在会议记录的基础上，进一步分析、综合、提炼而成的会议文件。经过领导同志签发的会议纪要是会议的正式文件。这种文件，应当简短扼要，观点鲜明，确切地说明有关议决事项，不必发表议论和交代情况。

印发会议纪要只限于日常工作会议。对于大型的会议和专业会议，因为都有正式会议文件和决议，一般就不再印发会议纪要和决办事项通知之类的文件。

（五）整理汇编文件

汇编会议文件，一般有两种方式：一种是根据档案资料工作的需要所做的汇编，这种汇编是将会议的所有文件都收集起来，按照先后顺序，装订成册，以备查考。这种汇编方式，要求将会议文件收全。另一种是供学习用的汇编，这种方式是将会议上所用的正式的报告、重要决定或决策、主要领导讲话等汇编起来，供有关人员学习使用。

会议形成的一切文件材料，包括主持词和发言记录等，在会间都要注意收集，会后要系统排列，装订成册，留作资料，一般应装订2至3套，一套留存，其他可作为借阅资料。

会议文件汇编工作完成后，可以内部印刷，发放到各有关单位与人员手中。党和国家的一些重要会议，还可以将部分不保密的会议文件汇编起来，交出版社公开出版，供公众学习与使用。

三、会议现场要理好

会议结束之后，会议的组织者应当立即对会议现场进行清理。

（一）清理宣传用品

在会议召开完毕后，应立刻通知工作人员挪走先前设立的一些指导性标志，如通知牌、方向标志、会标、展板等，及时清理现场，以防给下面的会议造成不便。

（二）清理会议资料

取走所有剩余的与会议有关的文件，并将所有文件资料放回原处。清除和销毁多余的过程文件。有些文档经过会议承办后已经失去保存价值，可采用专门的碎纸机加以销毁处理。

（三）清理会场设施

清理会议室，收拾好临时放置在会议室的茶杯、桌、椅和其他用品；迅速归还视听设备，办理好归还手续。在会议结束后，即在上交或归还各种设备、设施之后要把电源关掉，以免发生失火、漏电事故造成人员和财产的损失。要及时通知配电人员关闭不用的电源以确保会场安全。

四、会议评估要用好

没有一个会议的组织能够做到绝对的完美无缺，会议组织也是一个不断总结、不断完善、不断提高的过程。筹办一次会议特别是大中型会议是一项非常复杂的工程，不可避免地会出现这样那样的问题。所以，现代会议组织者为了不断改进会议组织与服务质量，为今后会议的举办提供借鉴，开展会议效果评估工作被逐渐广泛采用。当然，不是所有会议都要进行评估。

（一）会议评估的内容

1.会前效果评估

对会前筹备情况的评估，主要应当考虑以下因素。

（1）会议目标是否明确。

（2）会议议题的数量是否得当。

（3）会议议程是否合理、完备。

（4）每一项议题的时间分配是否准确、合理。

（5）参会人员人选及人数是否得当。

（6）会议时间、地点是否得当。

（7）会场指引标志是否明确。

（8）开会的通知时间是否得当。

（9）开会通知的内容是否周详。

（10）会议场地选择是否得当。

（11）会议设备是否完备。

（12）参会人员的会前情绪如何。

（13）会议的住宿、餐饮是否安排妥当。

（14）其他因素。

2.会中效果评估

对会议进行中各环节的评估，主要应当考虑以下因素。

（1）会议接待工作如何。

（2）会议是否准时开始。

（3）会议人员是否准时到会。

（4）是否有会议秘书在做记录。

（5）会场自然环境如何，是否存在外界干扰。

（6）会场人文环境如何，参会人员之间是否有交头接耳现象。

（7）主持人是否紧扣议题进行主持。

（8）会议是否由少数人垄断。

（9）参会人员发言及讨论是否紧扣议题。

（10）是否有没有必要留在会场的参会人员留在现场。

（11）参会人员是否能表明真正的感受或意见。

（12）参会人员之间是否有争论不休的现象。

（13）参会人员是否与会议主席有争论，情况如何。

（14）视听设备是否正常。

（15）参会人员是否热心于会议。

（16）会场气氛是否热烈。

（17）会议决策是否正确。

（18）会议议程是否按预定时间完成。

（19）主持人是否总结会议成果。

（20）会议的欢迎宴会、欢送宴会是否得当。

（21）参观、访问、游览活动安排的合适性、安全性如何。

（22）其他因素。

3.会后效果评估

对会后效果的评估，主要应当考虑以下因素。

（1）会议记录是否整理好。

（2）是否印发会议纪要和会议简报。

（3）会议决议是否落实。

（4）是否对参会人员的满意程度进行调查。

（5）对会议的成败得失是否进行总结。

（6）已完成任务的会议委员会或会议工作小组是否解散。

（7）其他因素。

（二）会议评估的方法

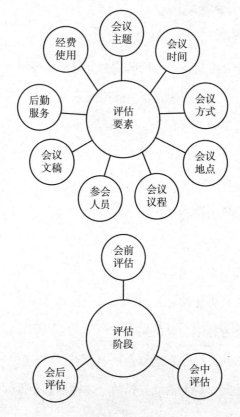

会议评估要素和阶段

1.调查问卷

最常见的评估方法就是使用问卷。问卷在使用之前必须经过测试，以保证上面的问题都清楚明了，而且回答者可以很容易地作答。

问卷主要分为封闭型问卷和开放型问卷两种类型：在封闭型问卷中，回答者通常只能选择"是"或"否"。封闭型问卷还可以使用不同程度的选项，如从"不满意"到"很好"，为回答者提供彼此没有重叠的选项。开放型的问卷要求回答者写出答案。这需要时间，有些回答者可能不愿意投入这么多的时间，或者在表达上有困难。对此应将参与者自填答案和调查者问后填写两种方式结合在一起使用。

2. 面谈采访

评估还可以使用采访的手段，既可以是在规定时间提出正式的问题，也可以是开放型的采访，使用比较宽泛的问题。这种方法需要经验丰富的采访者，而且需要大量的时间，不过可以得到一些与问卷不同的数据。

小型会议可以用问卷或采访的方式从所有的回答者那里收集数据，但是对于大型会议的评估来说，要采访所有的与会者就不大可能了，所以在这种情况下应该运用一些取样技巧。

大型会议可以用问卷来收集数据，但是在分析结果中应该显示出回收的问卷与全体评估人群之间的比例。鼓励与会者对会议作出评估。对于指定与会代表的会议，参与会议评估可能是命令性的，但是对于不好确定到会人员的会议和公众大会来说，必须给与会者一些鼓励，才能吸引他们参与评估。

3. 现场评估

鼓励与会者提供评估数据有几种办法。各场会议的管理者或会议组织者可以经常提醒与会者填写评估表格，这应该在各场会议结束时进行，并给与会者留出几分钟时间当场填写表格，然后再离开会场。在现场评估时要注意：

（1）收集评估表格的过程应该尽量简单。在小型会议中，可以安排一名或几名会场管理者或职员在会场的各个出口等与会者退场时收集评估表格。另一个方法是在会场或大厅中设立回收箱，但是这样做能够收回的问卷不如前一种方法多。

（2）定性数据可以用描述性的报告来表现。一些阅读报告的人只对大致的结论感兴趣，而另一些人则希望得到相关的细节，所以在设计报告结构的时候要考虑到两类受众的需求，可以在报告的开始总结性地提出评估结论，然后再详细展开说明。

会议效果评估表

	项目	评分				
会议内容	会议内容紧扣主题	☐10分	☐8分	☐6分	☐4分	☐2分
	会议准备充足，内容丰富，表述形式多样	☐10分	☐8分	☐6分	☐4分	☐2分
	会议内容的针对性、启发性	☐10分	☐8分	☐6分	☐4分	☐2分
	会议内容通俗易懂、生动形象、有互动	☐10分	☐8分	☐6分	☐4分	☐2分
	会议重点突出，逻辑清晰	☐10分	☐8分	☐6分	☐4分	☐2分
	会议拓宽了知识面，开发了新的思路	☐10分	☐8分	☐6分	☐4分	☐2分
	主持人大方，音量适中，吐字清楚	☐10分	☐8分	☐6分	☐4分	☐2分
会议支持	会议时间安排合理	☐10分	☐8分	☐6分	☐4分	☐2分
	会议配套设备稳定	☐10分	☐8分	☐6分	☐4分	☐2分
	会议环节流畅高效	☐10分	☐8分	☐6分	☐4分	☐2分

本次会议中您最大的收获：

本次会议哪部分内容对您生活或者工作上有用：

希望将来举办哪方面的课程内容：

建议：

感谢您为我们提供的宝贵建议及对我们的鼓励，以帮助我们不断进步！

会员号：_____　　　姓名：_____

五、会议经费要结好

会前预算，会后结算。会议经费结算的依据是会前经领导审核批准的经费收支预算。在会议举办过程中，相关会务工作人员应当准备专门的账册，及时对会议的各项开支进行详细的记录，会议结束后根据领导审定的会议经费预算进行结算。对于超过预算的项目和费用，无正当理由的不予报销。经费结算完毕后，及时向领导汇报，并到财务部门报销。

（一）结算项目

会议经费分为收入和支出两个方面。

（1）收入。主要来源于上级拨款或向参会人员收取相关费用，如会务费、资料费以及获得的赞助费等。

（2）支出。主要包括会场租用费、文件印刷费、证件制作费、办公用品费、文娱活动费、会场设备租用费、会场布置物品费、通信费、培训费、交通费、参观费、餐饮费、劳务费等。

为了使账目清楚，最好编制会议经费（支出）结算表，一一列清各项费用的使用情况，以便报销会议费用时使用。凡属已列入会议预算或预算外开支应纳入会议报销的经费，都要作出处置，不要有遗留问题。

具体结算办法，详见附录三《中央和国家机关会议费管理办法》（2016版）。

（二）结算程序

结算会议开支费用的程序如下：

通知与会人员结算时间地点→清点费用支出发票→核实发票→填写报销

单→将发票贴于报销单背面→请领导签字→到财务部门报销。

　　要提醒与会人员食宿、会务等相关费用。会议一结束，应及时清点整个会议费用的实际支出，对照会前经费的实际预算，逐笔账目进行比对。填写报销单，按报销要求将发票用胶水粘贴在报销单背面。请主管领导签字即可去财务处报销。

（三）注意事项

　　（1）开具会议食宿费发票时，需要向宾馆酒店索取盖有国家税务部门统一印制的增值税章的正式发票，保证开出的发票与收取的会务费相等。发票的明细要列清，如何填写需要询问宾馆酒店，以利于宾馆酒店的账目管理。

　　（2）食宿费一般不包括使用房间的长途电话费、与会者个人消费签单的费用。会议主办方如果所收取的会务费不包括这些额外的开支，又不希望这些开销带来不必要的麻烦，可以事先要求宾馆或酒店将这些服务项目与与会人员说清楚。

六、会务总结要搞好

　　会务工作基本完成后，应及时召集全体会务工作人员进行总结，肯定成绩，指出问题，找出经验教训，并对表现好的人员进行表扬。对从外单位抽调来的人员，要将其会议期间的工作表现告知其所在单位，并明确回单位上班的时间，避免会议一散，各奔东西，没有个交代和说法。

（一）会务总结的内容

　　会议总结一般包括以下内容：

（1）对会议的主要内容正确评定。好的会议总结应该是提炼出有意义的问题。例如，会场条件与会议报告相比，前者显然在总结中微不足道。任何会议总结应该包括这样几个主题：原定会议目标的实现；报告内容与相关程度；会前沟通；会议活动；会议的价值。值得注意的是，作为会议组织者和总结者，要尽量避免把自己的喜恶融到问题里，否则总结将失去价值。

（2）提交总结结果。在提交会议总结报告之前要先做一些思考。内容不可冗长，把总结中的结论集中到重要的问题上，用统计数字以及每个结论的有代表性的例子支持总结中的结论。

（二）会务总结的要求

（1）事实为据，准确可靠。既有面上的材料，也有点上的材料，既有正面的材料，也有反面的材料，既有事件材料与数字材料，也有背景资料等。事件材料必须真实可信，数字要准确可靠，背景材料要有辅助性，能与事实形成鲜明的对比或者烘托。切忌：闭门造车，随意编造事实或数据，欺上瞒下，或者走过场。

（2）分析事实，找出规律。经验与教训是一篇会议总结的重点。要从自己掌握的事实与材料中提炼出规律性的理论认识，这样的会议总结才有意义。

（3）点面结合，重点突出。写会议总结容易犯大而全的错误。应当认真归纳会议总结工作特点，抓精华，找典型，这样的会议总结才不会千篇一律，才具有指导意义。

此外，要正确把握总结会议与评估会议的区别。总结与评估会议是会议绩效管理的两个不同阶段，容易混淆，主要有三方面区别，如下表：

评估会议与总结会议的区别

	评估会议	总结会议
定量与定性	评估多用定量分析，通过统计分析，获取对会议成效的评价。	总结多用定性分析，通过归纳提炼，梳理办会的经验和教训。
静态与动态	评估的内容、指标、等次、依据和流程等都是相对固定的。	总结的思路、语言以及归纳出的经验和教训每次都有不同。
微观与宏观	评估的关键是一个一个的指标，单个指标相对微观，需要基于成体系的指标来作评估。	总结的关键是一条一条的经验和教训，相对宏观，每一条都可以直接用于指导实际工作。

总结会议的作用主要有两方面。一是总结经验和教训。通过总结，归纳和反思，才有可能发现并改正问题，在今后不断提升办会质量并完成上级交办的工作。每个会议都有其特定的目的和任务，包含上级的要求和意图。总结好会议的基本情况、主要特点、基本经验、存在的不足，以及对下一步工作的考虑，形成文稿向上级汇报。这样做既展现了工作业绩，也完成了上级交办的任务。

从内容来讲，会议总结要注意四个方面：一是总结经验，经验是反复实践和探索的产物，来之不易，要及时总结，传承发扬；二是总结不足，不足是一种特殊形态的经验，明确了未来努力的方向，要深刻剖析，逐一解决；三是总结创新，每一次办会都可能面对新任务、新情况，需要坚持创新思维和做法，评估其效果，以期发现新的办会经验和规律；四是总结思路，明确改进会议管理工作的方向，只有搞清了思路，才能制定出切实可行的改进措施。

（三）会务总结写法

会议总结报告的结构一般包括标题、正文和落款三个部分。落款即署名和署时，可以写在标题之下，也可以写在文尾。

1.标题

会议报告的标题有几种写法。

综合性会议报告的标题一般采用"会议报告单位+会议报告时限+文种"，如《×市×年度工作会议报告》。专题性会议报告的标题则较为灵活，它可以是观点的揭示或者内容的概括，比如毛泽东起草的会议报告的题目《关于打退第二次反共高潮的总结》。这样的标题不仅省略了总结单位名称，也省略了时间限度，只有会议报告的内容。

还有的会议报告为了使重点更突出，常采用双标题的写法，即采用正副标题的形式。正标题往往用来揭示会议报告的主题，而副标题则指明会议报告的内容、单位、时间等。

2.正文

会议报告的正文一般包括前言、主体和结尾三部分。

（1）前言。前言用最精练的文字，概括地交代会议报告的基本内容，如会议报告的主要内容、时间、地点、背景、事件经过等，前言也可以将规律性的认识、主要的经验或教训、主要的成绩或存在的问题用简短概括的文字写出来。这样，读者在读这篇会议报告之前就会对会议报告的全貌有一个大致的了解，也能够统领全篇，激发阅读的兴趣，启发和引导读者在以后的阅读中积极思考。

（2）主体。主体部分是会议总结报告的重点，一般要阐明两方面内容：

成绩与经验，即对过去工作实践中所获得的物质成果或者精神成果、取得的优异成绩及其成功的原因与条件的分析归纳。要善于从工作中归纳总结经验性的东西。总结一般是先把成绩归纳出来，再分析出经验来，也有的总结是把经验寓于做法之中，把经验和成绩糅合起来写。基本的写法有以下两种：

第一种是并列式，即把总结的成绩经验按若干方面来介绍。

第二种是递进式，即将工作成绩和经验按时间先后的顺序来安排。这种结构一般是把工作过程分成几个阶段，分别对各个阶段的工作进行总结分析。采用这种结构形式的总结，适用于那些有明显阶段性的工作或在思想认识上逐步深入、层层推进的工作，阶段性很强的活动总结最适合用递进式的写法。

（3）结尾。简明扼要、短小精悍。有两种写法：一是会议报告式，对会议报告正文的内容用几句概括性的话来做结束。二是展望式，用简短的语言对未来的工作进行展望，展示美好的前景。有的会议报告没有结语。

3.落款

会议总结报告的落款要写明会议报告的单位名称以及成文年月日。如果在标题中已标明了会议报告的单位名称，落款中这一部分便可以省略。

七、决办事项要督好

主办会议的机关在会议结束之后，要明确专门人员，抓好落实和督办，一般安排会务工作人员做这项工作。

（一）决办事项的传达

传达会议决定事项一般采用口头传达、书面传达和音像传达三种形式。其中口头传达又可以酌情采取个别传达、会议传达或电话传达等方式；书面传达则可以酌情采用印发会议纪要、会议简报、会议决议、催办通知单等方式。具体采用何种方式，要根据会议性质、内容、要求等因素而定。

传达要求：一要准确。传达会议决定事项要做到原原本本，不能断章取义，也不能随意取舍，比如舍弃认为对自己不利的问题等。二要及时。传达会议决定事项要紧随会议结束之后，不能拖延，更不能隐瞒，特别是某些会议对决定事项传达有明确的时间要求时更需及时。三要到位。传达会议决定事项要根据需要传达的范围做到直达其人，既不随意扩大范围，也不擅自缩小范围。有保密要求的，则必须遵守保密纪律。

（二）决办事项的催办

会后催办是指对有关单位和部门落实会议决定事项办理情况的检查和督促，对做好会议精神的传达贯彻、决定事项的落实具有重要意义。业务范围明确、专一的工作，责成相关业务部门负责催办；综合性、交叉性的工作内容一般由文秘部门或综合部门负责催办；领导集团本身会议形成的决定，由文秘部门或指定单位负责催办。

1.催办方式

（1）发函催办。即向执行单位发送催办函或催办单，写明需要贯彻执行的会议决定、决议的内容和条文，以及办理要求、办理时限，并要求将办理结果及时以书面形式回告。

（2）电话催办。即通过电话进行实时的双向沟通，实现催办的目的。其特点是快速、方便，可以直接找到执行的当事人，并与对方即时沟通，比较适用于本地区、本系统、本单位的一般工作部署。但电话催办有时容易被忽略，所以催办间隔时间要短、频率要高。

（3）派人催办。对重要的、紧急的事项，要专门派人催办。要明确催办人员。由哪个部门的哪个人负责具体催办，要明确指定下来。

2.催办要求

无论采取哪种方式催办，都要建立催办登记簿，对催办进展事项逐项列出，对催办事项要有记载。要求催办人员用口头汇报、书面汇报等方式向领导汇报。催办事项的落实情况，对重大问题要听从领导指示。

会议决议催办表

决议事项	办理时限	现状评估	催办原因	催办结果	确认完成时间	责任人	催办人

（三）决办事项的反馈

对会议决定事项落实情况的反馈，是指通过各种途径和方式将会议决定事项具体执行者的意见收集起来，反馈给领导的过程。通过这种反馈，促进会议决策目标的实现，检验、制约和完善会议决策。

1.反馈的内容

对会议决定事项落实情况的反馈主要包括执行者对会议精神的正面或负面的反映、执行过程中遇到的困难等，重点是反馈妨碍会议决策落实的各种信息，如果这样的负面信息得不到及时反馈，出现的问题就无法得到解决，会议决策的目标就无法完全实现。

2.反馈的要求

要迅速及时。只有及时反馈，才能让领导及时了解会议决办事项的执行情况，使反馈有意义。

要真实准确。只有真实准确地反馈，才能使领导根据实际情况进一步完善会议决策，最终实现会议目标。

要渠道畅通。这是做好对会议决策事项落实情况进行有效反馈的保障。不畅通，就谈不上反馈。

会议决议落实一览表

日期	会议名称	决议议项	决议落实	问题或原因	处理	责任人	催办人

常见会议的组织

按照不同的分类标准，可以把会议划分为很多类型。不同类型的会议在参加人员、召开频次、会议规模、主题内容等方面各不相同，对会议组织工作的要求也不同。

下面以最常见的几种会议为例，用4步法简要说明不同会议的不同开法，供办会时参考使用。

第一类 办公会

（一）总体要求

办公会是例行会议，一般每周一次。主要是研究部署本单位阶段性工作、协调处理重大问题、进行总结和讲评等。

办公会一般由本级领导主持，副职、机关部门领导以及有关业务部门负责人参加。必要时也可吸收与研究、部署的工作有关的其他人员参加。

主要内容包括：研究讨论贯彻上级党委、领导重要指示的措施；研究本单位政治、思想、工作中的重要事项；经费开支、近期工作安排；研究需领导集体决定的其他问题。

（二）主要程序

第1步：确定召开办公会

明确时间、地点、参加人员和重点议题。

第2步：会议准备

（1）提前通知各部门收集、准备办公会议题。每次召开办公会之前，机关工作人员负责收集需要在会上讨论解决或通气的问题。收集的对象和途径包括三个方面：一是向领导班子成员收集，请他们提出需要上会传达或讨论的议题；二是向各部门收集，请他们提出经分管领导批准、需要提交办公例会讨论的问题；三是向下级单位收集，如下级单位的请示等。

办公会议题反馈表

会议时间	
会议地点	
会议议题	
召集人	
与会人	

请按以下模板要求反馈议题				
汇报人或责任人	议题	预计时长	议题材料	备注

（2）召开各部门负责人协调会，初步研究确定上会议题。将收集的议题进行整理，对于需要上办公会的议题要确保重要和必要，分管领导能够决定的事情就不必上会。同时，注意不要遗漏需要讨论的议题，对需要讨论的问题确定先后次序，保证除领导班子成员外，其他部门参会人员根据议题的相

关性参与，做到工作会议两不误。

（3）向拟主持办公会的领导汇报议题初定情况，由领导审定议题。

（4）通知相关部门和与会人员，做好会议汇报等相关准备工作。

（5）发出会议通知。

第3步：会议组织阶段

办公会的一般程序是：

（1）主持人宣布开会。

（2）各部门负责人逐个汇报上周工作完成情况，下周工作安排以及需要协调解决的问题等，尤其是需要主要领导参加的会议和重要活动，也特别强调说明。

（3）充分发扬民主，分析和讨论当前存在的主要问题及解决对策。

（4）领导讲话，主要是讲评前一阶段的工作，提出下一步工作安排的意见和建议。

（5）会议结束。

第4步：会议的善后

（1）整理好会议记录，必要时可采取录音记录。会议记录由记录人、审核人共同签字，按规定保存和查阅。

（2）形成纪要。会后根据会议记录整理、拟写、形成办公例会纪要，记载会议议定事项，经主要领导签发后印发有关方面执行。办公例会纪要尽可能在会议召开的当天印发，最迟在第二天上午印发，以指导新一周的工作。

（三）注意事项

（1）办公会是阶段性工作指导性会议，办公会的组织一般由综合部门统一协调，必须做到任务清楚，分工明确，防止在抓工作落实中互相扯皮。

（2）会前要通知有关人员明确有关事项。通知参加会议人员、到会时间、地点和有关要求，对领导指示要研究的重点问题或主要工作，应提前传达到有关部门和人员，以便重点准备情况资料。负责组织会议的人员应提前到场，及时督促未到人员，并向主要领导报告到会情况。

（3）会议开始后，要有专人进行记录。对各单位工作完成的情况可摘要记录，对下一步的工作安排及有关措施应详记。尤其是主要领导最后强调的问题和要求等，要做准确的记录，必要时根据录音整理。

（4）级别较高的办公会通常要形成会议纪要，也有的单位采取《办公会议定事项》等形式。会议纪要形成后，要由单位领导审查签发，印发有关单位执行。

（5）某些需要在会上重点研究的问题或主要工作，应提前告知有关部门和人员尽早准备预案。

第二类　工作汇报会

（一）总体要求

工作汇报会是向上级领导、机关工作组系统反映本地或本单位工作情况的会议。具体分两种情况：一是听取全面情况汇报，二是听取某个方面、某项工作的情况汇报。前者由当地党政领导出面汇报，后者由相关部门汇报。当地党政领导或相关部门按分工陪同上级领导或工作组参加汇报会。接到上级领导或机关工作组来本地检查工作的通知后，要主动询问检查内容和工作程序等，并掌握工作组成员的姓名、职别和到达的时间等。

当需要为本级领导准备汇报材料时，要指定专人，按照领导意图进行准备，主要包括基本工作思路、组织领导情况、完成任务情况、主要做法、主要成绩和主要问题、意见建议。对首次来的领导还应简要汇报本单位地理位置、历史沿革、担负的主要任务、人员编制及其他与汇报工作有关的内容。起草时应坚持实事求是，客观分析成绩和问题；注意详略得当，抓住重点，切忌面面俱到；文字不要太长，一般在5000字左右。准备汇报材料的同时，还应为负责汇报的领导准备有关材料，供回答上级询问时使用。

（二）主要程序

工作汇报会一般在汇报者所在单位举行，由汇报单位的领导主持；也可以由听取汇报的上级机关的领导或上级机关部门领导主持。

第1步：确定汇报内容

汇报单位所应做的主要工作：接到上级召开汇报会的通知后，研究部署会议准备工作。

第2步：汇报工作的筹备

听取汇报的上级机关应做的主要工作：

（1）确定汇报会的主要内容、顺序；

（2）发出会议通知，提出相关要求；

（3）听取下属单位工作汇报；

（4）必要时召集汇报单位领导个别谈话，或召开一定范围的座谈会进一步了解情况；

（5）对汇报单位的情况进行研究归纳，作出客观评价，在此基础上起草领导的讲话指示。

汇报单位要安排好会议室，起草汇报材料，通知参会人员。

第3步：会议组织阶段

（1）主持人宣布开会，并就会议议题和汇报的要求作简要说明；

（2）汇报人员按计划逐个汇报本单位工作情况；

（3）待上级领导讲话后，主持人对贯彻落实领导指示提出要求；

（4）宣布散会。

第4步：会议的善后

会后，对领导的指示，要认真学习贯彻落实；

对上级机关和领导指出的问题，要尽快加以解决；

适时跟踪了解汇报单位贯彻落实领导指示情况，并视情以书面或口头形式向领导报告落实的结果。

（三）注意事项

（1）汇报会应根据参加人员数量选择大小适中的会议室。会场形式一般为方形或椭圆形。上级领导和工作组应安排在汇报人的对面。座位前应摆放名签、汇报会议程序、参加人员名单、相关情况说明等文字材料。需要用图表说明问题的，应提前将图表挂在适当位置。有条件的，应尽量运用多媒体制作汇报材料。办会人员要提前将汇报材料放在有关领导座位前，并调试好音响设备，安排好录音。

（2）汇报会由本级主要领导主持，会议开始前，主持人应请示上级领导会议是否开始。征得同意后，主持人应先介绍本级参加会议人员的姓名、职务，然后由带队领导介绍工作组人员情况，并简要说明工作意图。

（3）掌握汇报提纲的写作要领。汇报提纲的主要内容包括：抓工作的基本思路、组织领导情况、完成任务情况、主要成绩和主要问题等。对首次来单位检查工作的领导，还要汇报本单位的地理位置、历史沿革、主要任务、人员编制等情况。起草汇报材料要注意以下几点：一是要坚持实事求是，客观地分析取得的成绩和存在的问题。二是要弄清领导最关心的问题，最想知道什么，抓住重点，详略得当。

（4）采取灵活的汇报方法。一般情况下，全面工作应由党政主要领导汇报，侧重于党委工作的由党委书记汇报，侧重于其他工作的由行政领导汇报，专项工作情况由分管的领导汇报。上级机关检查下级机关的工作，则由部门领导对口汇报。汇报中要随机调整汇报重点。一般地讲，如果领导对某个问题听得很认真，问得很细致，记得很具体，说明他对这个问题很关注，就应当详细汇报。如果领导对某个问题不太关心，就要简略汇报。

（5）汇报会有两个显著的特点：一是汇报人与听汇报的人有明确的上下级关系，汇报人有一定心理压力。因此，事前应当让汇报人有充分的准备时间，汇报中要充分尊重汇报人。二是汇报人也是一个单位的负责人或主官，既有利于从整体上把握情况，但也可能有偏向性。因此，要防止报喜不报忧或带有个人偏见的问题。听完汇报后，上级领导一般会简要作些工作评价，并对当前和下一步工作作出指示。领导讲完，主持人要简明扼要地表达贯彻落实领导指示的态度和初步意见。

第三类　工作部署会

（一）总体要求

工作部署会是上级向下级布置工作的会议形式。按照部署工作的内容可以分为单项工作部署会和综合工作部署会，按照时间跨度可以分为阶段工作部署会和年度工作部署会。

工作部署会的主要内容一般包括：研究部署下属单位的年度、阶段性工作，上级统一安排的工作，其他涉及全局的重要专项工作；传达上级重要会议精神，研究部署贯彻落实问题；安排部署上级和本级领导批准研究部署的临时性工作。

工作部署会根据其部署工作的性质由对口部门负责承办。主管部门应根据实际需要就会议召开时间、规模和参加人员提出建议，由分管领导审批。需下一级参加的会议，应报本级主要领导审批，重要会议还需召开本级办公会或常委会研究审批。

不同内容的工作部署会，参加的人员也不同。一般来说，内容特别重要的或者综合性的部署会，本级领导、机关部门领导和有关人员参加；单项工作部署会，原则上分管领导及相关部门人员参加。工作部署会一般开到下一级，必要时可以开到下两级。

（二）主要程序

第1步：确定部署会的主题

主要是传达上级指示精神，部署下一步工作。

第2步：进行会前准备

会前要准备好高质量的会议材料。工作部署会的材料主要包括：上级有关指示和文件精神，本级领导的讲话，主管机关对拟部署的工作的安排意见，试点单位的经验材料等。为便于明确任务，组织者还应根据需要，准备相应的图表或制作多媒体幻灯片。

在准备会议材料的过程中，要调查研究，反复修改，确保质量。

会前，会议的组织者应将有关工作计划和会议材料打印出来，以便开会时分发给与会人员学习研究。

为确保所部署的任务和提出的目标、要求科学合理，组织者应深入开展调查研究和方案论证。

第3步：会议组织阶段

工作部署会的一般程序是：

（1）宣布开会；

（2）主持人说明会议的来由、目的和开法；

（3）传达学习上级有关文件和指示：

（4）有关领导部署工作；

（5）征询与会人员特别是受领任务单位有何疑问和困难，并现场予以答复；

（6）与会主要领导提出要求；

（7）散会。

第4步：会议的善后

会议结束后，主管部门要及时整理会议情况，修改完善会议材料，及时印发会议有关文件。

必要时，还应拟制并下发补充指示。

要有专人做好会议材料和资料的存档工作。

（三）注意事项

（1）工作部署会应根据实际需要适时召开，会议召开的时间、规模和参加人员，由主管部门提出，分管领导审批。当需要下一级主官参加会议时，应报本级主官批准，重要会议还需要召开本级领导办公会或党委常委会研究审批，防止越权或擅自召开会议。

（2）会议召开前，主管部门应认真研究需要部署的工作，切实弄清工作目标、重点、难点、有关标准、完成时限及客观条件等，在此基础上，制订实施计划，区分具体任务，明确方法步骤，提出保障要求。会前，组织者应为领导准备好讲话稿，并将相关文件发给与会人员。

（3）工作部署会根据工作性质和人员数量安排在大小适中的会议室举行，有时也可以安排在室外或工作现场召开。较大的会议应悬挂会标，张挂标语，设主席台；一般的工作部署会，可按照会议室的布局自然安排座位。主管部门应安排专人负责会场布置，并引领与会人员就座。会议组织者应提前到达会场，检查会议准备情况，会议开始前，应清点人数并向主持会议的领导报告。

（4）会务工作人员在起草部署任务的安排意见和领导讲话稿时，要着力做好以下工作：一是深入学习和领会上级有关会议或指示精神，确保拟部署的工作任务和开展工作的指导原则完全符合全局的要求；二是通常要对前一段的工作进行总结，明确已经取得的成绩和存在的不足，找出基本的经验和教训；三是认真分析新的工作任务的特点及完成任务所具备的主客观条件，确保所提的任务和指标既积极稳妥又切实可行。

（5）工作部署会的内容不同，参加会议的人员也不同。一般来说，内容特别重要的或综合性工作部署会，本级主要领导、机关各部门领导和相关业务部门的人员应当参加；单项工作部署会，通常由分管领导及相关部门人员参加。工作部署会一般开到下一级，必要时也可开到下两级。

（6）会议要突出重点，提高效率。会场布置应当简朴，会议要紧紧围绕工作目标、任务区分、实施方法、完成任务的标准和时限等内容，逐一予以明确。当工作任务比较简单且书面材料又比较详尽时，也可在与会者阅读材料的基础上，就重点内容作解释性说明。与会主要领导提要求时，应当围绕如何统一思想、抓好落实、确保高质量完成既定任务提出意见。会议应当专门安排一定的时间，组织与会人员就完成任务的方法、措施、条件和困难等问题展开讨论，机关要及时做好协调工作。

第四类　总结表彰会

（一）总体要求

总结表彰会，顾名思义，其主要内容和目的，一是总结工作，二是表彰先进。总结表彰会一般在年终岁尾、完成某项重大任务或举办某项重大活动之后召开。

（二）主要程序

第1步：确定会议的性质

总结工作，作出部署，提出要求，表彰先进。

第2步：会议的筹备

总结表彰会的准备工作主要是：

①研究起草大会程序呈报领导审定；

②准备上级和本级各项表彰通令、通报，提供给相关领导用于会上宣读；

③起草领导报告、讲话；

④指导被表彰单位和个人代表起草大会发言稿；

⑤购置、准备好锦旗、奖状、证章、证书、绶带、大红花和奖品等；

⑥会前对颁奖程序进行专门的排练；

⑦营造热烈隆重的会议气氛（可参考典型报告会的有关做法）；

⑧发出会议通知。

第3步：会议组织阶段

主要程序通常包括：

（1）大会开始奏国歌（部队奏军歌）；

（2）宣读表彰通令；

（3）为先进单位和个人颁奖；

（4）获奖单位和个人代表发言；

（5）领导作报告；

（6）上级领导或来宾讲话；

（7）奏乐；

（8）大会结束。

第4步：会议的善后

（1）及时整理会议材料，撰写会议简报；下发会议讲话；下发表彰通报。

（2）搞好会议报道，并写出会议情况报告，呈领导审示后报上级有关部门。

（3）进行会务工作小结，妥善处理会议遗留问题。

（三）注意事项

（1）总结表彰会的主要目的是表彰先进、鞭策后进，激励其他同志向先进单位和先进人物学习。因此，无论是会场氛围的营造还是领导讲话的主题，都要向这方面聚焦。

（2）会议材料的准备要早着手。领导的总结报告和讲话应当是会议材料的重点，一般分五部分：①交代执行和完成任务的背景。即在什么情况下完成任务的。②取得的主要成绩。讲成绩应当实事求是，不扩大，不缩小，评价要恰如其分，符合客观实际。讲成绩要与表扬具体人和具体单位紧密结合起来，真正达到激励和鼓劲的目的。③存在的问题。讲问题要准确，要找出最主要的问题，并且应当着重从组织领导方面找问题。④经验与教训。要在总结成绩和问题的基础上总结出带规律性的认识，观点要鲜明，层次要清楚。⑤说明下一步工作怎样开展，包括指导思想、奋斗目标、措施要求等。

初稿完成后，应当及时送有关领导审阅，重要材料需提交党委会审议。

（3）奖旗、奖状和奖品的准备。负责此项工作的机关人员事先要就奖旗、奖状、奖品的数量、种类、价格、奖旗图案、奖状内容提出方案，待有关领导同意后着手承办。奖旗一般到专业公司定做，应注意保密。奖品要实用、得体。

（4）总结表彰会的会场布置要着力烘托热烈的气氛。一般应悬挂会标、张贴标语，插彩旗。主席台可视情设一排或多排，主要领导在前排就座。各种音响和照明设备要齐全，并安排好录像、录音和照相人员。奖品可事先摆放在主席台上，也可放在主席台两侧，领导发奖时，由工作人员依次把奖品递送给领导。领奖人数较多时应分成几组，按照先单位后个人的顺序上台领奖。为防止出错，一般应安排一次预演。

（5）会前，会务人员应对会场情况特别是主席台和音响设备情况再检查一次，而后组织参加会议人员入场，按照事先划分好的座区就座。人员入场后，应及时清点人数或单位。部队组织这类会议，还要组织部队唱歌、拉歌，活跃会场气氛。会议开始前，应简明扼要地对与会人员提出具体要求，规定退场顺序。先进单位和个人入场时，指挥与会人员起立、鼓掌。会议结束时，按统一指挥依次退场。

（6）做好大会颁奖工作。为防止发生差错，应当提前组织领奖人员和递送奖品的工作人员进行走台排练。入场之前应当安排领奖人员在指定区域依次就座。颁奖的程序安排一般有两种：一是不分奖项，领奖人员依次列队上台领奖。根据颁奖领导的人数确定每批次领奖的人数。同一人荣获多个奖项的，奖品可一次领完，或者拉开颁奖的时间差。二是区分不同奖项，分批次颁奖。当颁奖领导和领奖人不能一一对应时，有的领导可以同时为两个获奖人颁奖，但不宜超过两人，以免出错。事先还应当提醒领奖人，万一发错奖品或证书，不要忙着当场调换，可以等到散会以后再处理。

（7）会议结束后，机关人员应及时整理会议材料，搞好会议报道，并写出会议情况报告，呈领导审示后报上级有关部门。此外，还应进行会务工作小结，妥善处理会议遗留问题。

第五类　协调会

（一）总体要求

协调会是领导机关经常运用的会议形式，其目的是使所属单位和部门在工作运转和重大活动中步调一致、秩序井然，顺利达成预期目的。协调会一般由分管领导组织进行。

（二）主要程序

第1步：确定会议的性质

主要是明确各部门需要负责的工作，提出困难和建议，协调解决。

第2步：会议的筹备

对工作和活动要周密计划，涉及多个部门或几个单位共同组织的活动，有关事宜应由各方协商确定。各单位要任务明确，既要明确全局的行动，又要把行动任务落实到具体部门、具体人，逐个落实。会议时间、地点和参加人要明确。

第3步：会议组织阶段

协调会的一般程序是：

（1）主持人明确会议目的、内容和方法步骤，提出要求；

（2）协调人就具体步骤、分层次、分内容、分单位地部署任务，明确规则、标准、时限、方法、要求；

（3）有关部门或相关领导提出需要解决的问题；

（4）协调人逐个予以解答，或对计划进行调整；

（5）根据情况也可安排领导提要求；

（6）主持人进行会议小结。

第4步：会议的善后

会议结束后，会议组织者应对会议记录进行综合整理，根据会议中调整修改的内容，及时对计划方案进行修改、补充、完善，而后上报下发。必要的时候，可以形成会议纪要，参加协调的各单位领导签字。

（三）注意事项

（1）协调会召开前，协调人应对工作和活动进行周密计划，做到条理清楚、重点突出、一目了然，如果是涉及几个部门或几个单位共同组织的活动，有关事宜应由各方协商确定。计划方案确定后，应按参加会议人员数量打印成正式文本，开会时发给有关人员。

（2）协调过程中，要注意做到任务明确，既要明确全局的行动，又要把行动任务落实到具体部门、具体人，逐个落实；在解答与会人员提出的问题时，要力求明快。对一时难以解决的问题，可单独留下来个别协调，不要让大家陪会；对执行计划方案、落实会议精神要有严格的要求和规范，特别要强调团结协作，互相补台，灵活机动地处理意外情况，确保实现既定目标。

（3）会议结束后，会议组织者应对会议记录进行综合整理，根据会议中调整修改的内容，及时对计划方案进行修改、补充、完善，而后上报下发。

第六类　座谈会

（一）总体要求

座谈会是指领导者为某一问题或几个问题，需要广泛听取群众意见和建议，以帮助领导决策而采取的一种调查研究的形式和手段。

要确定好座谈会的题目。这是开好座谈会的关键。座谈会带有明显的目的性，要在有限的时间内达到预期目的，一定要抓住某项工作中的重点、难点、热点问题进行选题，特别要选择急需回答或带倾向性的问题，切不可贪大求全、面面俱到。另外还要注意围绕确定的主题，预测座谈中可能出现的棘手问题，做到心中有数。

要合理地选择参加座谈会的人员。要保证座谈会顺利进行，达到预期的目的，一定要选择好参加座谈会的同志，尽量找不同类型、不同层次，有代表性，并且有一定语言表达能力的人参加。如果参加座谈会的人员选择不当，就会流于形式，了解不到真实情况，失去了座谈的意义。

要及时向有关单位下"安民告示"。讲明座谈会的时间、目的、规模、参加人员。特别是对需要了解的情况，一定要提前通知给每个与会的同志，以便及时跟进情况，做好准备。

召开座谈会方法很多，常用的方法有以下四种。

主导式。就是提前确定主要发言的同志，开阔思路，引导大家尽快进入主题。座谈中有时会遇到气氛不活跃、发言不积极，甚至还会出现"冷场"的现象。为避免这种情况的发生，组织者可根据座谈的主题，提前指定少数同志认真做好准备，有重点地进行发言，从而引起大家的共鸣。例如召开新同志座谈会，由于新同志刚到单位，对单位的情况不熟悉、不了解，担心发表自己的观点后，对今后的成长不利，往往出现互相观望、不首先发言的场面。在这种情况下，指定少数同志作重点发言，容易调动大家的情绪，消除顾虑，使大家畅所欲言。

讨论式。这是在一种宽松和谐的气氛中进行的。组织者提出座谈主题后，让大家大胆发表意见和见解，并允许大家持不同观点进行争论。同时要注意避免轮流汇报或跑题的现象，组织者要及时引导，做到既不放任，又不生硬。

诱发式。就是采取诱导启发的方式同座谈者交谈或发问。座谈中有些人往往不愿暴露自己的观点或心存顾虑，这时组织者要善于运用科学的方法和技巧，诱导他们开口。通常以如下两种发问方式比较好：一种是开放式问题，另一种是闭合式问题。如"您对深化体制改革有什么想法？"这就是开放式问题。对方回答就比较自由，既可以讲多，也可以少讲。又如"您是否赞成体制编制制度改革？"这就是闭合式问题，对方只能回答"赞成"或"不赞成"，不易回避。召开座谈会时，一般采用开放式问题，这有利于活跃气氛，使大家充分发表己见，但容易使座谈会松散、空泛。闭合式问题一般较尖锐、紧凑，适于深挖某些事实和看法，但使用起来不容易，弄不好会破坏自然的氛围。因此，在实践中要将两者有机地结合起来，合理运用。

激发式。就是采用"点将"的方法，使他们不能不说。这种方法，对有些一直不肯发表意见的人比较奏效。语言"带刺"是一种激发，而缓和、恰如其分的语言，同样也可以起到激发作用。所以要针对座谈的具体情况和条件，正确地选择好具体的方法和语言。运用激发式座谈，应该慎重，不要轻易地刺激对方，以免影响座谈的气氛和效果。

（二）主要程序

第1步：确定主题内容

座谈会的内容比较广泛，但目的必须明确，主题必须鲜明。讨论具体问题的座谈会要列出各项具体的议题。

第2步：会议的筹备

1.确定参会人员

座谈会的规模一般都比较小，小到十人以下，至多几十人，保证每个参会人员都有发言的机会。确定参加座谈会的人员要根据召开座谈会的目的和具体议题而定，如组织咨询论证性的座谈会，参加对象应当以专家为主。

2.通知参会人员

座谈会的议题、时间、地点、参会对象一经确定，就要及时向参会人员发送通知或发出邀请，明确告知座谈会举办的单位或部门、时间、地点、参会人员范围，特别是座谈会的议题更要写清楚，以便参会人员做好思想准备和发言准备，必要时还要电话跟踪落实。对于因事等原因请假而不能参会的人员要掌握，避免人少而开不成会，要及时进行人员调整。

3.布置会场

座谈会要营造一种平等氛围，以便让大家畅所欲言，可以灵活采用圆形、方形、长方形、椭圆形、六角形等围坐式座位格局，尽量不摆成上下对应式或分散式，以免气氛拘谨或会场散漫。

重要的座谈会应当悬挂会标，揭示会议主题，同时也便于摄影或媒体进行新闻报道。

会场内可以适当放置茶水、矿泉水等，供参会人员饮用。

4.安排发言形式

座谈会的发言形式大致有两种：一种是自由发言，即事先不设定发言人，不规定发言顺序，参会人员自己决定发言与否、发言次数与时间等。这种形式要求主持人有较强的会场掌控能力，避免冷场。同时，主持人应当鼓励参会人员插话和争论。另一种是事先确定几位主要发言者，先由主要发言者发言，再由其他参会人员发言。

如果在座谈中出现一些争论，只要是对会议主题的积极探讨，就应当予以鼓励，既活跃气氛，又激发参会人员的思路与热情。但如果出现偏离座谈主题的无谓争论，则应该及时引导。

第3步：会议组织阶段

主要程序有：

（1）主持人介绍座谈的目的；

（2）介绍参加座谈会的领导及相关人员；

（3）座谈人员依次发言，也可自由发言，参加座谈的其他同志也可插话；

（4）主持人总结。

第4步：会议的善后

整理座谈会内容，提交有关领导审阅。有关问题，还需办公会或常委会研究解决。

（三）注意事项

（1）要善于把握火候。座谈会虽是一种行之有效的工作方法，但是把握不好，往往会适得其反。一是座谈会规模。要从座谈的内容实际出发，合理确定人员和场地，不要只求表面上的热热闹闹。二是时间要恰当。座谈时间过长，容易使人厌倦，不但影响谈话情绪，而且影响座谈效果；时间过短，容易被误认为不重视，流于形式，很难达到预期目的。所以既不能"恋战"，也不可仓促结束。三是座谈次数。要根据实际工作的需要，从实际出发，实事求是地安排。

（2）要广听众人之言。组织者在组织座谈会时，必须走群众路线，给大家充分发表意见的机会，决不能自认为"高明"唯我独尊。一是态度要诚恳，放下架子，甘当小学生。二是不要提轻率的问题、不着边的问题，使人弄不清你的想法，甚至引起怀疑，更不要自以为是，漫无目的地提些刺人的问题。三是要善于吸取和借鉴不同意见。由于认识水平不同，看问题的角度不一，因而对所要座谈的问题，必然会有不同的认识和各种各样的意见。这就要求组织者不要预先定下框框，给人杆子让人家爬，强加于人。

（3）要坚持实事求是。座谈会的目的是为了搞清事实真相或交流经验、看法，为领导提供科学决策的依据。因此，要坚持从实际出发，保证座谈内容的真实性和准确性，做到不唯上，不唯我，不凭主观想象，而是凭客观存在的事实，详细地占有材料，并对掌握的材料加以去粗取精、去伪存真、由此及彼、由表及里的科学分析，得出切合实际的结论。

第七类　动员和誓师大会

（一）总体要求

动员大会和誓师大会都属于宣传群众和发动群众的大会。一般是在大项工作展开前或受领重要任务后，为保证工作落实而召开的以明确任务、鼓舞士气为主要目的的会议。单纯的动员大会通常只有领导讲话，而誓师大会除了有领导作动员讲话外，还有基层代表开展挑应战和宣誓活动。由于这两种会议性质相同，为了叙述的方便，把它们合称为动员和誓师大会。开好动员和誓师大会，对于展示形象和风采，鼓舞士气，提升完成任务的能力具有积极的意义。

（二）主要程序

第1步：确定会议的性质

动员会不具体布置生产任务和专业任务，而是要发动群众积极参与，鼓舞群众士气，振奋群众精神。动员会动员的对象不是少数人，而是一定范围内的绝大多数人或全体人员，所以会议规模往往较大，参与人员较多。

第2步：会议的筹备

党委或领导定下召开动员大会或誓师大会的决心以后，会议主办部门，要迅速拟订会议准备工作的方案，并在报请领导审定同意后抓紧落实。其工作重点有三项：

一是准备会议的相关文件和材料。包括上级的命令和指示、拟部署的任务的方案、领导动员讲话稿、基层代表的发言稿等。

二是筹办会场布置的相关事宜。包括会议场地的选择、会标和标语的拟制与悬挂、彩旗的摆放、鼓乐的鸣奏等。

三是发出会议通知。如需邀请上级领导或地方党政领导出席，则应当提前做好协调工作。

第3步：会议组织阶段

动员和誓师大会通常有以下程序：

（1）宣布大会开始，奏乐；

（2）有关领导宣布上级有关命令或传达上级重要指示；

（3）行政领导作动员讲话；

（4）单位代表发倡议、表决心或开展挑应战活动；

（5）个人代表表决心或进行宣誓；

（6）党委领导讲话；

（7）如果有上级领导参会，请其作指示；

（8）合影留念；

（9）大会结束。

第4步：会议的善后

（1）做好舆论宣传。如果有必要，可以邀请新闻媒体对动员会予以报道，或在单位宣传栏、网站等处宣传，配合动员大会，营造气氛，达到扩大动员效果的目的。

（2）整理下发会议材料，供基层单位参考学习。

（3）撰写会议简报。

（三）注意事项

不同类型的动员和誓师大会，其程序基本上大同小异。动员和誓师大会的会场布置要服从于造势的需要，有利于烘托气氛，鼓舞士气。准备好讲话材料。领导的动员讲话要着重讲清所担负的任务和完成任务的意义、时限、方法、步骤，以及有利条件和不利因素，并提出简短有力、鼓舞人心的口号。对其他发言稿如挑战书、应战书、倡议书、决心书、请战书等材料，要指定专人事先把关，防止出现不和谐的论点或措辞欠严谨的现象。

第八类　现场观摩会

（一）总体要求

现场观摩会是为了推广某一单位创造的先进经验和做法，或为了展示该单位所取得的突出的工作成果，而召开的专题性会议。现场观摩会一定是在被观摩的单位举行，并且应当由上级机关直接领导和组织，被观摩的单位应当做好经验介绍、成果演示和会议保障工作。与会人员基本上是与会议主题和内容联系比较密切的各单位主管领导或专业人员。现场观摩会的会场可以设在礼堂等室内场所，也可以设在被观摩单位选定的露天场所。

（二）主要程序

第1步：确定会议的性质

无论是现场观摩、现场考察，还是现场演示、现场讨论，现场会都是要把问题解决在"现场"，目的明确，针对性强。

现场会让参会人员处于或正面或反面的特定现场，能够让参会人员直接观察现场，感受现场的气氛。会议感染力强烈，有利于提高会议质量。

第2步：会议的筹备

（1）领导和机关定下召开现场观摩会的决心后，机关工作人员要根据领导意图和参加观摩的人数等情况，到被观摩单位实地考察和磋商，确定会议程序，选定大会会场、分组讨论会场和表演、展示的场地。

（2）选好会议现场。这是组织现场会的关键，直接关系到现场会的质量。选择会议现场要注意以下几点。

一要符合会议目标。一定要根据会议目标来选择和确定与之吻合的会场，脱离会议目标的现场会是没有价值和意义可言的。

二要富有典型意义。现场会要通过或正面或反面的典型事例来推动工作，所以现场的典型性越强，其宣传教育的作用就越显著。

三要便于解决问题。解决实际问题是举行现场会的根本目的，现场不是作秀的场所，更不是弄虚作假的场所，所以能否便于解决问题是选择现场的重要标准。

（3）确定参观路线。现场会大多安排参观、考察项目，这就要求会务工作人员在会前精心设计和确定好参观考察的点及路线，先看什么，后看什么，从哪里出发，到哪里结束。确定参观路线应当符合会议目标，掌握好参观时间。参观路线确定后，还应当选择讲解人，准备讲解词。讲解要注意抓住重点，突出重点。

（4）安排布置会场。现场会的会场安排有两种情况：一种是直接安排在典型现场，参观考察和讨论研究都在现场完成；另一种是将参观考察和讨论研究分开，在参观考察之前或之后，在现场附近另设供讨论或研究的会场。现场会的布置要从简，如果设置会标，要写上"现场"二字，如"××××（单位）安全生产教育现场会"。

（5）审定被观摩单位的经验材料、表演和展示的详细程序、主持词或串台词。

（6）指导、培训汇报人、介绍人和表演者的演练、排练。协调解决被观摩单位车辆、食宿、器材、设备和安全保卫等方面存在的困难和问题。

（7）起草会议程序、会议须知、接待方案和领导讲话等文字材料。召开机关工作人员和被观摩单位领导和工作人员参加的协调布置会，对任务进行明确分工。下达会议通知。

第3步：会议组织阶段

现场观摩会通常有以下程序：

（1）主持人宣布开会，介绍会议的缘由、目的、意义及会议的开法和要求。

（2）被观摩单位介绍经验。

（3）被观摩单位向与会者作汇报表演和展示。

（4）视情况安排座谈讨论。

（5）领导讲话。

（6）会议结束。

第4步：会议的善后

整理下发会议材料，包括领导讲话，经验材料。

撰写现场会简报。

（三）注意事项

要确定好会议的主题。召开现场观摩会的目的是以点带面，推进工作。因此，应当分别以解决工作中的难点问题、克服薄弱环节、推广典型经验和做法等作为会议的主题。选择好召开现场会的单位。召开现场会的单位所介绍的经验、做法或展示的成果应当"叫得响、过得硬"，有广泛代表性，并且应当有较好的交通、住宿、场地等保障条件。会议安排的领导讲话，一般应着重讲清"为什么要学""学什么""怎样学"等三个问题：一是召开本次现场会的目的和意义何在；二是对被观摩单位的做法、经验或成果进行高度的概括和理性的升华；三是对如何学习和推广被观摩单位的做法和经验提出明确的要求。要切实做好安全、保密工作。由于参加会议的人员来自不同单位，加之会议安排的活动较多，必须做好严密细致的组织管理和服务保障工作，防止发生伤害事故和失泄密问题。

第九类　经验交流会

（一）总体要求

经验交流会是以推广某些有益经验和成功做法为目的的专题性会议，是领导机关指导和推动工作的重要手段，通常不定期地进行。经验交流会的规模和参加会议的人员应当根据会议的主题和所交流的内容确定。主持人通常为分管的副职领导或主管的机关部门领导，会场一般选定在室内。

（二）主要程序

第1步：确定会议的性质

确定交流的主题和内容，以及规模。

第2步：会议的筹备

会前准备工作主要是：

（1）根据工作安排和领导意图研究确定会议的议程；

（2）提前预告会议，并要求下属单位推荐介绍经验的单位和个人初步人选；

（3）根据下属单位上报材料和平时掌握情况，确定介绍经验的单位和个人，指导其起草经验材料；

（4）做好领导讲话起草、会场布置等会议相关准备工作；

（5）下发会议通知。

第3步：会议组织阶段

经验交流会的一般程序是：

（1）会议开始，主持人宣布会议议程；

（2）大会发言，单位或个人按次序逐个介绍经验；

（3）视情安排座谈讨论或组织现场观摩；

（4）领导讲话；

（5）散会。

第4步：会议的善后

整理下发领导讲话；转发经验材料；撰写会议简报。

（三）注意事项

经验交流会要注意选好介绍经验的单位和个人，真正"站得起、立得住"，不能人为拔高。要认真起草、审查会议材料。经验材料必须真实可靠，所介绍的经验不仅要带有全局性，有较广泛的推广和借鉴意义，而且要具有现实可行性和可操作性，能够进行推广普及。同时应当照顾到同类别的典型，防止千篇一律。领导讲话应当高屋建瓴，注重概括先进经验的精神实质和思想意义。会议期间应当安排一定的时间组织讨论或观摩，要鼓励各种新的思想观念的交流和碰撞，以使所提供的经验和做法能够吸引人、启发人，给人留下较深刻的印象。

第十类　典型报告会

（一）总体要求

典型报告会是专门介绍先进个人或先进群体典型事迹和经验的会议。如优秀党员报告会，×××先进事迹报告会等。典型报告会一般分为两种，一是为宣扬先进典型而举行的报告会，二是上级机关派出的典型事迹巡回报告团举行的报告会。在同一次报告会上，可以由几个先进典型分别介绍各自的事迹和经验，也可以由报告团几个成员从不同的角度介绍同一个先进典型的事迹和经验。

（二）主要程序

第1步：确定会议的性质

确定举行典型事迹报告会的主题。

第2步：会议的筹备

（1）承办上级机关派出的典型事迹巡回报告团举行的报告会，组织工作比较简单。会前准备工作主要有：

①安排好报告团成员的接站、食宿及本单位领导接见工作；

②布置会场，发出报告会通知；

③起草会议主持词和领导讲话。

（2）由本单位筹备和组织的先进典型报告会，组织工作相对复杂些。

会前准备工作主要有：

①根据宣传需要和领导意图，通知下属单位（机关）推荐先进典型人选；

②遴选和确定先进典型代表，并指导和协助下属单位（机关）或先进典型起草报告材料，重要典型材料，还要经领导审阅；

③一般在本级机关安排第一场典型报告会；

④起草会议主持词和领导讲话；

⑤布置会场，营造热烈的会场和环境氛围；

⑥发出报告会通知；

⑦做好会务工作（会议程序基本同上）；

⑧视情组织先进典型巡回报告团，依次到所属单位进行巡回报告。

（3）主要程序有：

①安排机关工作人员陪同领导随团到各所属单位；

②请所属单位主要领导与报告团成员见面，提出具体要求；

③通知所属单位做好报告团成员的接待和报告会的组织工作；

④组织欢送报告团。

第3步：会议组织阶段

程序一般为：

（1）主持人宣布大会开始；

（2）报告团成员依次作报告；

（3）领导讲话；

（4）主持人宣布大会结束。

第4步：会议的善后

（1）会后组织好报告团的欢送和送站；

（2）撰写会议简报；

（3）视情组织座谈。

（三）注意事项

典型报告会与经验交流会的联系与区别。

共同点在于：

一是从目的看，两者都是为了宣传典型，交流和推广先进经验；

二是从组织形式看，两者都要通过会议进行传播，都要形成一定的声势。

两者的主要区别是：

典型报告会更加注重宣传的声势和规模，更加注重思想教育的功能，一般由上级机关组织，在所属单位巡回进行，全体人员都应当参加会议；

经验交流会的规模则可大可小，其主要目的在于交流和推广技能性的经验，一般只限于本单位内部，参加会议的人员也应根据需要灵活掌握。

宣布开会以后，主持人应逐一介绍报告人的单位、姓名，有时还可介绍简要事迹。为了烘托会议气氛，典型报告会通常要专门安排向先进典型献花的活动。有条件的单位，也可以视情张贴、悬挂标语、横幅，组织人员夹道欢迎，敲锣打鼓，以示隆重热烈。领导的讲话，一般应对先进典型作出评价，对典型的先进事迹和精神风貌进行扼要的概括，并号召大家向典型学习。典型报告会的关键在于典型的事迹要过硬，要实事求是，不能拔高夸大，以免影响典型的感染力。

第十一类　主要领导调整交接会

（一）总体要求

主要领导调整交接会是领导班子中的主要领导调进或调出时，由上级党委的代表（通常为上级领导或上级机关的部门领导）所组织的交接班会议。主要领导调整交接会一般应分两步进行。第一步，召开本级党委常委会，由上级党委的代表宣读对主要领导调整的决定，并讲话。第二步，召开本单位干部大会。会上，除由上级党委的代表宣读对主要领导调整的决定，并对与会人员发表讲话外，被调整的离任、接任的领导应当分别讲话。如果两名主要领导同时调整，正常情况下仍由原党委书记主持；如果两名主要领导都属于非正常调整（如被撤职查办），则由上级党委的代表主持会议。

（二）主要程序

第1步：确定会议的性质

主要领导调整交接。

第2步：会议的筹备

在主要领导调整交接会召开之前，作为本级机关的主要工作是：

（1）协助领导起草讲话、做好工作交接；

（2）做好上级党委代表和随从人员的接待工作；

（3）做好会务准备和会议通知工作；

（4）协助工作组做好个别谈话人员通知等相关工作。上级机关尤其是领导的随行人员，主要是做好领导讲话稿的起草和出行保障工作；加强与所到单位的沟通，了解掌握人员思想动态。

第3步：会议组织阶段

上级党委的代表分别与新老班子成员逐个谈话。

召开本级党委常委会，由上级党委的代表宣布命令，并讲话。

召开本级干部大会举行交接班仪式。仪式的主要程序是：

（1）大会开始，奏乐；

（2）宣布命令；

（3）离任、接任和留任的领导分别讲话；

（4）上级首长讲话；

（5）大会结束，奏国歌。

第4步：会议的善后

（1）安排送行与会的上级领导；

（2）转发上级领导讲话；

（3）新老领导进行具体工作交接。

（三）注意事项

主要领导调整交接会前，上级党委的代表应当与被调整的领导和领导班子中的其他成员逐个谈话，做好思想工作。在公开举行交接仪式的干部大会上，新老班子成员的讲话应当符合各自的身份。

作为上级党委的代表，在宣布任职命令后，其讲话的要点是：①上级作出调整领导班子决定的意义；②对前任领导班子特别是离任领导的成绩予以充分肯定和赞扬；③对新任领导表示信任和鼓励；④向新的领导班子和广大干部群众提出要求。

作为离任的领导，其发言要点是：①表明自己坚决拥护上级决定的态度，并对接任领导表示信任和支持；②对自己担任原职务期间所做工作进行简要回顾，着重表明对原领导班子和全体干部群众的感谢之情；③对原工作单位广大干部群众提出期望和要求，并表示良好的祝愿。

作为接任的领导，其发言要点是：①对前任领导作出高度评价；②表明自己接受新任命的感想和做好工作的信心、决心；③表明虚心接受广大干部群众批评帮助和监督的态度。

作为留任的领导，其发言要点是：①表明自己坚决拥护上级决定的态度；②表明自己积极支持和配合新任领导开展工作的态度；③表明对所在单位发展的信心。

交接仪式大会结束后，具体的工作交接应当在上级机关工作组的指导帮助下进行，新任领导和本级机关有关部门同志参加，根据自己分管的工作逐项交接。交接工作要细致、严密，重要文件、物品交接要有清单，以保持工作的连续性。

第十二类　庆祝会

（一）总体要求

庆祝会通常是所属人员因在重大活动中取得显著成绩被记大功或授予荣誉称号后，为庆祝胜利和荣誉、鼓舞斗志和士气而适时召开的群众性大会。

（二）主要程序

第1步：确定会议的性质

确定庆祝的主题及理由。

第2步：会议的筹备

庆祝会在会前应做好以下主要准备工作：

（1）起草好领导的祝词和讲话稿，讲话要具有一定的感情色彩，能起到振奋人心、鼓舞士气的作用；

（2）准备好奖状、证章、证书、奖旗、奖品等；

（3）确定会上发言的人选，并指导起草好发言材料；

（4）充分搞好宣传配合，利用宣传橱窗、图片展览等完成重大活动情况和先进事迹的宣传；也可视情联系新闻媒体参加会议，做好宣传报道工作。

第3步：会议组织阶段

庆祝会的程序通常是：

（1）宣布大会开始；

（2）奏《中华人民共和国国歌》；

（3）领导致庆祝词；

（4）基层代表发言；

（5）领导讲话；

（6）奏《国际歌》（部队奏《中国人民解放军军歌》）；

（7）大会结束。

第4步：会议的善后

（1）转发领导讲话；

（2）撰写会议简报。

突出重点，搞好宣传报道工作。主要是宣传召开庆祝大会的指导思想、目的意义，以及先进人物或先进集体的事迹和经验。

（三）注意事项

明确职责，搞好协作。召开庆祝大会的组织准备工作比较复杂，应当有统一的指挥机构，并适时召开由所有会务人员参加的协调会，明确分工，确保准备工作细致周到。

把握分寸，写好祝词。祝词的写作一要热情、诚恳；二要切合身份；三要简洁、精练。一般要写清以下几层意思：一是召开庆祝会的目的，并对出席者和接受祝贺的单位表示欢迎、祝贺和问候；二是回顾过去，概括取得的成绩，简述经验；三是展望未来，再鼓干劲，联系当前实际，对今后的工作提出希望和要求；四是表达良好的祝愿和期盼。

第十三类　欢迎会

（一）总体要求

欢迎会一般适用于重要客人来访或慰问，新成员加入本单位，或本单位人员外出执行重大任务返回等时机。开好欢迎会，对于联络感情，增进友谊，加深相互了解，展示形象，具有积极的意义。

（二）主要程序

第1步：确定会议的性质

确定欢迎的人员身份，会议规模，参加人员。

第2步：会议的筹备

欢迎会准备工作主要有：

（1）确定欢迎会的日期、规格和出席人员；

（2）起草领导欢迎词和讲话稿；

（3）加强与迎接对象的沟通联系，及时通报会议安排；

（4）协商确定发言代表，并协助起草或审查发言代表的发言稿；

（5）做好会场相关准备工作。

第3步：会议组织阶段

通常有以下7项程序：

（1）大会开始；

（2）奏乐；

（3）主持人介绍来宾和参加会议的领导；

（4）有关领导致欢迎词；

（5）来宾或来宾代表发言；

（6）主要领导讲话；

（7）大会结束。

第4步：会议的善后

妥善安排好被欢迎人员的食宿，尤其是新加入本单位的人员。

（三）注意事项

根据实际情况确定会议规模和时间地点。大规模的欢迎会，可选择在礼堂进行，采用比较隆重和热烈的欢迎形式。小规模的欢迎会，可以选择在会议室或接待室进行，采用宽松、活泼的方式。特殊情况下也可以在车站、码头、营门外等处，以简捷的方式举行。事先应将欢迎会的时间、地点及有关协同事项提前通知对方。

欢迎词的篇幅要简短，语言要精练，语气要热情。领导讲话要切合被欢迎人员的实际，做到语重心长，情真意切，让被欢迎者倍感亲切，又使他们深受启发，明确未来的目标和努力方向。

第十四类　欢送会

（一）总体要求

欢送会是为送别同事或重要客人而举行的一种送别活动。一般说来，在部队或地方，当老战士即将离队，转业干部即将奔赴新的工作岗位，领导干部调动到新的单位任职，帮助本单位搞建设以及前来参观、见学、指导工作的有关团体（或个人）即将踏上归程之前，都可举行不同形式的欢送会。欢送会应当隆重、热烈，充分表达双方的深厚情谊。

（二）主要程序

第1步：确定会议的性质

确定欢送的人员身份、会议规模。

第2步：会议的筹备

欢送会准备工作主要有：

（1）确定欢送会的日期、规格和出席人员；

（2）起草领导讲话稿；

（3）加强与欢送对象的沟通联系，及时通报会议安排；

（4）确定发言代表，并协助起草或审查发言代表的发言稿；

（5）做好会场相关准备工作。

第3步：会议组织阶段

欢送会的一般程序是：

（1）宣布开会；

（2）欢送方致欢送词；

（3）被欢送方致答谢词；

（4）有关领导讲话；

（5）赠送纪念品；

（6）散会。

第4步：会议的善后

妥善安排被欢送人员的行程。

（三）注意事项

会前应制订详细的会议方案，在报请有关领导审定后，立即召集有关人员召开协调会，明确分工，提出要求。要将有关事项及时通知被欢送者、有关领导和参加会议的有关人员。如有文艺表演，还要通知有关单位和演员搞好排练。

欢送词和领导讲话稿是准备工作的重点。应当做到感情真挚、简短有力、感染力强。一般分为三部分：第一部分以简明的语言对被欢送对象表示热烈的欢送。第二部分主要是实事求是、恰如其分地对被欢送对象给予赞扬和肯定。第三部分主要是表达惜别之情并提出希望。

组织相关配合活动，营造浓厚的氛围。可以提前组织照相和题写赠言等活动，可以悬挂条幅、出板报、组织专场文艺晚会，还可以通过插彩旗、悬挂横幅等突出会场热烈气氛的方法来烘托氛围。

第十五类　茶话会

（一）总体要求

茶话会是指以茶点为媒介招待宾客的具有对外联络性质的社交性集会。目前，茶话会在我国非常盛行，形式多样，结婚答谢、朋友聚会、学术讨论、庆典活动乃至商议国家大事，都可以采用茶话会的形式。特别是每逢新春佳节，各种茶话会不断举行，参会人员互相谈心，交流情感，增进友谊。

（二）主要程序

第1步：确定会议的性质

（1）以茶为媒。茶话会之所以得名，就在于它是以茶点招待宾客，即以茶待客，以茶会友，茶是媒介，寓隆重气氛于简单形式之中。

（2）重在沟通。举办茶话会，意在与社会各界沟通信息，交流观点，听取批评，增进联络，重点不在"茶"而在"话"。

①以联谊为主题。即举办活动的主要目的就是为了联络主办单位与应邀参会的各界人士的友谊，通过活动，进一步增进了解，密切彼此关系。

②以娱乐为主题。即在茶话会上安排一些为了活跃气氛的、以自由参加与即兴表演为主的文娱节目或文娱活动，并以此作为茶话会的主要内容，强调参与和尽兴。

③以专题为主题。即在某一特定时刻或为了某些专门问题而举行的茶话会，主办单位借茶话会就某一专门问题收集反映、听取意见等，提倡畅所欲言。

第2步：会议的筹备

（1）会议通知。要考虑与会人员工作上的特点，会议通知一定要有提前量，便于与会人员安排好时间。为郑重起见，还要发请柬。通知上要告知清楚在会上是否发言，是否可带随行人员，以及着装要求，车辆通行证等。

（2）选择时间。首先是选择好举办茶话会的时机，如辞旧迎新、周年庆典等时机，时机得当，茶话会才会产生应有的效果。其次是确定举办茶话会的具体时间，一般是下午四点左右为最佳，也可以安排在上午十点左右，当然实际确定时间要考虑参会人员方便与否等因素。

（3）选择会场。适合举行茶话会的地点、场所主要包括：主办单位的会议厅、宾馆的多功能厅、主办单位负责人的私家庭院或露天花园、包场的营业性茶楼或茶座。餐厅、歌厅、酒吧等地方不适合举办茶话会。会务工作人员选择茶话会场地时，还要考虑参会人数、费用、交通、档次等问题。

（4）邀请参会对象。邀请之前有一个选择和确定参会宾客的问题。茶话会的邀请对象可以是本单位的各方面代表、本单位的专家顾问，也可以是社会各界知名人士与本单位合作的单位或个人，还可以是社会各行各业、各个方面的人士。确定茶话会的邀请对象要围绕主题进行，使邀请的对象切合本次茶话会的主要议题，以期达到预期效果。

（5）安排座次。

①采用环绕式。这种座次形式就是不设立主席台，而将座椅、沙发、茶几摆放在会场四周，不明确座次的具体尊卑，参会人员自由就座。这种形式最为流行。

②采用散座式。这种座次形式常见于室外举行的茶话会，座椅、沙发、茶几自由组合，甚至可以由参会人员根据个人要求而随意安置。这种形式更易创造宽松的社交环境。

③采用圆桌式。如果参会人员人数较少，在会场中央安放一张大的椭圆

形会议桌，请全体参会人员在周围就座；如果参会人员人数较多，可以在会场上安放数张圆桌，请参会人员自由组合就座。

④采用主席式。这种形式是指会场上主持人、主人和主宾被有意识地安排在一起就座，并居于中央、前排、会标之下、面对正门之处等上座位置。

总体上讲，茶话会的座次安排尊卑不宜过于明显，强调自由就座与活动。

（6）准备茶点。茶话会准备茶叶，应当在力所能及的情况下尽量挑选上品，不可以次充好。同时，注意照顾参会人员的不同口味。茶具最好选用陶瓷器皿，且讲究茶杯、茶碗、茶壶成套，茶具清洗干净。玻璃杯、塑料杯、搪瓷杯、金属杯、纸杯和热水瓶均不宜在茶话会上使用。

茶话会上还可以为参会人员略备一些点心、水果或地方风味小吃。注意品种适合，数量充足，方便取食。

第3步：会议组织阶段

茶话会的主持人要熟悉茶话会的一般程序，掌控和引导好茶话会进程与活动。茶话会的一般程序如下：

（1）主持人提请参会人员就座，保持安静，宣布茶话会开始，并可以对主要参会人员略作介绍。

（2）请主办单位主要负责人讲话，对参会人员表示欢迎和感谢，阐明茶话会主题，恳请今后继续支持。

（3）请参会人员发言。提倡参会人员自由地进行即兴式发言，直言不讳，畅所欲言。主持人要做好引导与控制。每位发言前，主持人可以略作介绍，发言后带头鼓掌致意。如果没有特别的要求，发言一般可不限制时间。

（4）主持人略作总结，宣布茶话会结束。

第4步：会议的善后

茶话会结束后，妥善安排参会人员。

（三）注意事项

（1）茶话会一般不排座次，起码座次安排不要过于明显。可以自由活动，与会者不用签到。

（2）茶话会一般重"话"不重"吃"，除主要供应茶水外，可以略备一些点心、水果，不需要上主食。

（3）茶话会上，主持人应当审时度势、因势利导地引导与会者发言，并且控制好会议的局面，既要防止冷场，也要防止发生争论。

第十六类　联谊会

（一）总体要求

联谊会是指以促进参加对象之间加强联系、增进友谊为目的的一种气氛活跃的聚会。无论是协调组织内部成员关系，还是拓展加强组织外部联络，组织联谊会都不失为一种较好的选择。

（二）主要程序

第1步：确定会议的性质规模

1.公关功能强

举办联谊会的目的就是为了加强联系、融洽感情、增进友谊，树立组织乐于沟通、善于沟通的形象，有利于今后开展工作，无论对内对外，其公关功能不言而喻。

2.娱乐色彩浓

举办联谊会往往把会议目标寓于娱乐活动之中，在娱乐中实现沟通与融洽的目标，所以联谊会都要设计安排一些大家都乐于参与的娱乐活动。

第2步：会议的筹备

1.组织对内联谊会

这种对内的联谊会，主要指参加联谊会的成员都在一个组织里工作，在联谊会中容易营造大家庭般的气氛，比较自然亲切。

（1）选择联谊时间。组织联谊会的时间一般选择在各种大的法定节日前夕，或对组织有重大意义的日子。通过联谊，对成员表示慰问，并创造互相交流的机会。具体时间应当选择在非工作的时间段，如晚上或平时集体开会的时间，但一般不选择周六、周日。

（2）选择联谊地点。选择联谊地点要考虑参加人员的多少、活动的预算成本等因素。如果参加人员较多，经费又允许，最好选择离办公地点较近且多数人员尚未去过的知名酒店或会所，给人以新鲜感、隆重感。如果人数较少，且层级较高，不妨选择近郊的假日酒店或休闲会所。当然，如果本单位具备这样的空间条件，从节约成本的角度考虑，完全可以在单位内进行。

（3）安排联谊议程。如果是全体成员参加的人数较多的联谊，由于多在非工作时间段举行，所以时间不宜太长，两三个小时即可。在安排议程时，要注意多给大家联谊的机会，像领导致辞、代表发言、表彰先进等内容要尽可能简短。

（4）设计联谊活动。一般来讲，受制于人员多、场地有限等因素，联谊活动设计尽可能地相对简单，如请员工表演拿手节目、组织抽奖或有奖竞猜等活动，以求让更多的人参与进来。最好不组织那些难度大、程序烦琐的活动。许多组织将联谊会的主体活动设计成茶话会、酒会等形式。

2.组织对外联谊会

这种联谊会主要指邀请组织外部成员参加，其公关性非常强，意在加深理解，建立友谊，树立组织形象。

（1）论证举办的必要性。举办邀请组织外部成员参加的联谊会，首先要对活动的必要性、可行性进行论证分析，明确举办的主旨是为了答谢这些外部成员以往的合作与支持，期望今后继续合作和得到支持，经高层领导批准后开始正式筹备。

（2）确定主要事项。一是确定举办的时间、地点，尽量考虑被邀请者的方便；二是确定活动是由组织自己举办，还是委托专业会议公司承办；三是确定和安排被邀请的组织人员代表发言。会中可以安排节目表演、酒会等活动。

（3）盛情邀请参会人员。这种联谊会的外部参会人员，多为被邀请组织的部门负责人等，有时还会邀请本组织上级部门的重要领导人，以及主管本组织的政府部门、所在协会的主要负责人等。对于这些贵宾的邀请，一定要采取正规的方式，提前寄发正式的邀请函；对于重要领导人，如果条件允许，还应当亲自登门邀请。在联谊会举办的前一天，应当打电话再一次邀请并确认对方是否出席，以便安排座席。

如果邀请媒体记者，则应当邀请与本组织联系较为紧密或影响力较大者。

（4）精心营造会场气氛。这种对外联谊会公关目的强，所以会场气氛的营造非常重要，要进行精心设计与布置。可以充分利用横幅、条幅、气球、拱门等装饰物，凸显热烈、隆重的气氛。如果条件允许，还可以邀请受欢迎的知名专业主持人来主持，强化联谊会的轻松、友好氛围。另外，现场活动的设计最好在分析参会人员身份、爱好的基础上合理安排，设计大家都喜欢的活动。

第3步：会议组织阶段

（1）宣布联谊会开始；

（2）介绍参加联谊会的领导及嘉宾；

（3）领导作慰问讲话；

（4）代表发言；

（5）表演节目；

（6）宣布联谊会结束。

第4步：会议的善后

联谊会结束后，要注意收集联谊会的效果。

（三）注意事项

一要合理安排联谊时间；

二要合理选择地点；

三要精心选择参加联谊的人员；

四要合理设计联谊会议程；

五要精心营造联谊会的气氛。

第十七类　报告会

（一）总体要求

报告会是指邀请领导人、专家学者或有关人员就国际国内形势或相关问题作较大规模的专题性报告的会议。常见的如时事形势报告会、学习报告会等，作报告的通常是一人，也有多人组成报告团的形式。

（二）主要程序

第1步：确定会议的性质规模

1.主题突出

报告会的主题一定要突出鲜明，通过突出主题强化会议效果，所以很多报告会都被称为"主题报告会"。

2.内容新颖

报告会的内容要与时俱进、切合时代脉搏、凸显时代精神风貌、前瞻先进趋势等，只有这样，才会有吸引力。

3.感染力强

报告会一般都规模较大，报告人与听报告人面对面进行交流，现场气氛浓烈，感染力很强。

第2步：会议的筹备

1.确定报告主题

确定报告主题的前提是要明确为什么要举行报告会，据此确定一次报告会的主题和内容。主题要强调针对性，针对大家普遍关心或思想上普遍存在困惑的问题，做到有的放矢，使报告会达到应有的目的。内容要确保有新意，给人启迪。

2.选好报告人

举行报告会，要根据确定的主题和内容选择报告人。报告人应当选择在某一领域具有深厚造诣、独到体会和深刻见解而且口才较好的人士，只有这样，才能够使报告人不勉为其难，听报告人有所收获。

3.邀请报告人

选好报告人后，要通过适当的渠道和方式向其发出邀请。邀请时，将举办报告会的目的、参加对象、拟定时间等告知对方，便于对方做好相应的准备。报告会当天，如果路途较远，组织者应派车接送。

4.组织好参会对象

单位内部举行的报告会，常常要求全体人员或对口人员参加。而一些面对社会的报告会，主办方除指定一部分参加者外，还欢迎自由参加者。参加对象要根据报告会的目的和内容确定。总的来讲，报告会的规模宜适当大一些，以形成一定的气氛，达到一定的效果。

5.布置好会场

报告会一般安排成上下对应式座位格局，也可以布置成半围式格局。会场设置主席台，主席台上方或背景处设置会标。可以设讲台，以突出报告人的地位。时间较长的报告会，可以不设讲台，报告人坐着作报告。

报告人作报告时，主持人应当在场作陪。主持人作陪方式有两种：一种是在报告人旁边陪伴，另一种是在听众席上第一排中间陪伴。两种方式各有利弊，前者比较尊重报告人，但不利于会务工作人员拍照，也易分散听众注意力；后者虽不如前者看起来更尊重报告人，但有利于会务工作人员拍照和集中听众注意力。

报告会必需的设备如扩音机、投影仪、计算机等事先要准备好、调试好。

6.担任好主持

作为报告会的主持人，要熟悉报告会的一般程序，做好主持工作。

第3步：会议组织阶段

报告会的一般程序如下：

（1）主持人宣布开会。

（2）介绍会议的目的、参会人员、开会纪律。

（3）介绍报告人简况，表示欢迎和感谢，请其作报告。

（4）报告会可以适当安排听众提问，报告人现场回答，这时主持人要控制好时间和局面。

（5）主持人（或请有关领导）作学习、贯彻落实报告精神的要求的讲话。

（6）宣布散会。

第4步：会议的善后

报告会结束后，主办方可以根据实际需要注意收集、听取大家的反映和意见。必要时，还可以组织座谈，征求对报告会的意见，收集报告带来的变化等情况。

（三）注意事项

一要选好报告人。好的报告人才会增强报告会的效果，使听报告人有所收获。

二要控制好现场提问环节，最好提前把问题给报告人，便于其有所准备。

第十八类　新闻发布会

（一）总体要求

新闻发布会是政府机关、企事业单位、社会团体为发布重大新闻或解释重要方针政策，专门邀请新闻记者参加，由专人向其公布相关信息的一种特殊会议。它是组织或团体与新闻界建立和保持联系的一种较正规的形式，具有正规、隆重、直接、广泛、深入等优点，有助于正面树立信息发布者的形象。

（二）主要程序

第1步：确定会议的性质规格

1.形式正规，档次较高

新闻发布会对于举办的时间、地点等要进行精心策划和安排，并邀请新闻记者、相关领导等出席，形式上正规，档次上较高。

2.沟通灵活，效果优越

新闻发布会实现主办方与新闻记者双向互动，先发布新闻，后请记者提问回答，然后将"新闻"在多种媒体上集中发布，传播面广。

第2步：会议的筹备

1.确定发布主题

组织新闻发布会的主题应当清晰明了，标语口号应当准确精练，便于记者报道。一般来讲，新闻发布的主题大体上有三类。

（1）说明性主题。如某单位因为要投资兴建新项目而举办的新闻发布会。

（2）宣传性主题。如某单位研制出新产品，为使公众接受而举办的新闻发布会。

（3）解释性主题。如某单位针对产品质量出现问题而举办的新闻发布会。

2.邀请新闻记者

新闻媒体的记者是新闻发布会重点邀请的对象。应当根据新闻发布会的主题，有针对性地邀请有关新闻媒体的记者，一般来讲要着眼于下列因素综合考虑。

（1）新闻发布会的主题是什么？

（2）新闻发布会的内容传播范围需要多大？

（3）新闻发布会涉及的行业是什么？

（4）某媒体（记者）的社会形象、受众口碑怎样？

（5）是否需要借发布会之机改善和提升与某媒体（记者）的关系？

如果是为了扩大影响和知名度，就可以多种类多层次地邀请新闻记者；如果只是进行宣传解释，邀请面就可以小一些。

初步确定了拟邀请新闻媒体及记者的名单，并与其联系予以落实后，应当着手制作请柬或邀请函。请柬或邀请函上一般应当说明召开新闻发布会的主题，并注明具体的日期、时间、地点、组织名称、联系电话等信息。

请柬或邀请函一般在新闻发布会的前7~10天送达邀请对象手中。发放太早，可能会被对方遗忘；发放太迟，不利于对方做好相应的准备。请柬或邀请函可以根据需要和距离的远近，通过邮寄或派人送达的方式发送。如果是特别重要的或距离不远的新闻媒体，最好派人送达。在新闻发布会召开之前，最好再用电话等方式适当提醒和落实，但一般不要使用单纯的电话邀请。

3.确定发布地点

发布地点可以选择单位所在地，也可以选择活动或事件的所在地；可以酌情选择单位的会议厅、多功能厅等，也可以酌情选择租用大宾馆、大饭店等；如果希望扩大影响面，还可以考虑选择首都或有影响的大城市，也可以在不同地点召开内容相同或相似的新闻发布会。

4.确定发布时间

新闻发布活动的最佳举办时间通常在周二至周四的上午10：00~12：00、下午13：00~17：00，也可以选择在晚上。周一一般忙于检查上周的工作，周五由于临近周末人心容易涣散，对新闻报道往往不予重视。活动时间控制在一小时以内为宜，最多不要超过2小时。

5.确定相关人员

（1）选定主持人。新闻发布会的主持人一般由主办方的宣传、文秘等部门的负责人担任，如宣传部长、办公室主任等。

主持人应该仪表堂堂、富有风度、见识广博、反应机敏、语言流畅、风趣幽默、处变不惊、年富力强，而且要具备丰富的会议主持经验，善于把握大局，长于引导提问，积极控制会场。

（2）选择发言人。新闻发布会的发言人一般由主办方的主要负责人担任，如宣传部部长、主要部门负责人等，因为只有他们才能够准确地回答有关的方针、政策等重大问题，由他们回答记者提问更具权威性。

发言人应该在社会上有着良好的口碑，与新闻媒体的关系较为融洽，并且具备修养良好、学识渊博、熟悉业务、思维敏捷、记忆力强、善解人意、能言善辩、彬彬有礼等基本素质。

（3）安排其他工作人员。新闻发布会能够反映一个单位的精神面貌，所以对与会的工作人员要严格挑选，并在会前进行培训。其中负责现场礼仪接待工作的礼仪人员，一般应当由年轻的女性担任，要求其品行良好、相貌端正、语言标准、举止优雅、工作负责、善于交际。

6.准备辅助资料

（1）准备发言提纲。即发言人在发布现场正式发言时的发言提要，应该全面、准确、生动、真实、扣题。同时，还要对有可能被提问的主要问题在预测的基础上做好相应的回答准备，供发言人现场参考，这样可以做到心中有数，表现自如。

（2）准备报道提纲。即主办方事先精心准备一份以有关数据、图片等资料为主的报道提纲，认真打印好后在发布现场提供给新闻记者，使其报道时能够抓住重点，必要时可以事先拟制好新闻通稿。

（3）准备背景材料。一般应当包括新闻发布会涉及的新闻时间要点、组织发展简史、发言人介绍、通信录、名片等，方便记者挖掘新闻事件和日后联系之用。

（4）准备视听材料。为增强发布会的效果，可以根据条件准备一些如图片、模型、音像、实物等能够强化活动效果的形象化的视听材料，加深参会人员对发布会主题的认识和理解。

7.布置发布会场

会场不仅要求整洁庄重，还应该摆放适量的绿化盆景，气氛以高雅大方为好。主持人、发言人、记者、嘉宾、特邀人士等各种区域与席位都应当布置安排合理，书写并按照席位顺序摆放席位卡，准备好的文件材料袋和文书用具应当放于每个席位上，并适量放置简单饮料。最后，检查进出通道与上下台的路线是否安全畅通，检查并组配好会场所有电路等。

8.编制活动预算

提前根据新闻发布会的规格和规模预算活动费用，并留有余地，以备急用。开支的项目一般有场地租金、音响器材租用费、会场布置费、电话通信费、交通费、印刷费、文具用品费等，整个会议经费应当在策划之后尽快作出预算。

第3步：会议组织阶段

安排新闻发布会的现场实施程序一般可以从以下环节着手。

（1）组织来宾签到。一般要设立签到处，派专人引导记者、嘉宾前往会场，并请其在签到簿上签上自己的姓名、单位、职业、联系电话等。

（2）发放有关资料。会务工作人员将写有姓名和新闻机构名称的标牌发给到会记者，并将会前准备的资料如新闻发布稿、必要的技术说明资料、主持人介绍等，装在一个资料袋中，有礼貌地发给到会的每一个人。

（3）介绍会议内容。主持人宣布发布会开始，说明举办新闻发布会的原因、所要公布的信息或事件发生的简单经过等，并推出发言人。有的新闻发布会在发言人发布新闻信息前，还要根据需要安排相关领导讲话。

（4）发布新闻信息。发言人按照发言提纲，发布新闻或宣读新闻发布稿。新闻发布稿要力求将所发布事项的来龙去脉、前因后果、自身态度等作完整的介绍，能够涵盖大量有新闻价值的信息。

（5）回答记者提问。可以根据需要安排发言人现场回答记者提问，注意不要随便打断记者的提问，也不以各种动作、表情或言语对记者表示不满。对于涉密或不好回答的问题不应当回避，要婉转、幽默地进行反问或回答。在回答记者提问的过程中，主持人要充分发挥主持和组织作用，活跃整个会场气氛，引导并指定记者踊跃提问，且自始至终掌控着答问的时间和节奏。

（6）宣布活动结束。按照事先规定的时间，主持人宣布"请最后一位记者提问"，发言人回答完毕，主持人宣布发布会结束。

（7）安排其他活动。主持人宣布活动结束后，可以安排专人陪同记者参观考察，给记者创造实地采访、摄影、录像等机会，增加记者对活动主题的感性认识。

第4步：会议的善后

（1）整理记录材料。新闻发布会结束后，要尽快整理出记录材料，并对组织、布置、主持和回答问题等方面的工作进行总结，吸取经验教训。

（2）收集相关报道。收集到会记者发稿情况，进行归类分析，检查是否达到了预定目标，是否有由于失误而造成的谬误，如有要分析原因，设法弥补。

（3）评估实际效果。收集到会记者和其他代表对发布会的反应，检查发布会在各方面的工作是否有欠妥之处，以便日后改进。

（4）应对不利报道。如果事后发现出现了不利报道，应当作出应对策略。若是不正确或歪曲事实的报道，应当立即采取行动，说明真相，向报道机构提出更正要求；若报道的虽然是事实，但不利于组织，应当通过该报道机构向社会表示虚心接受批评并致歉，以挽回组织声誉。

（5）保存有关资料。一是保存活动自身形成的图文音像资料，包括所使用的一切文件、图表、录音、录像等；二是保存新闻媒体对活动报道的有关资料，包括在电视、广播、报纸、杂志等公开发布、发表的涉及本次发布会的消息、通讯、评论、图片等。

（三）注意事项

（1）会议主持人要充分发挥主持和组织作用，以庄重的言谈和感染力，活跃整个会议气氛，引导记者踊跃提问。当记者的提问离开会议主旨太远时，主持人要善于巧妙地将话题引向主题。会议出现紧张气氛时，主持人能够及时调节缓和，不要随便延长预定会议时间。

（2）对于不愿发表和透漏的东西，应婉转地向记者作出解释，记者一般会尊重组织者的意见的。如果吞吞吐吐，反而会使记者追根问底，造成尴尬局面，甚至记者会因此发表对企业不利的报道。

（3）不要随便打断记者的提问，也不要以各种动作、表情和语言对记者表示不满。即使记者的提问带有很强的偏见或带有挑衅性，也不能激动发怒。这时应表现出一定的涵养，以平静的话语和确凿的事理给予纠正和反驳。

（4）遇到回答不了的问题时，不能简单地说"不清楚""不知道""我不能告诉你"等，应采取灵活而又通情达理的办法给予回答，避免引起记者的不满和反感。

（5）所发布的消息必须准确无误，若发现错误应及时予以更正。

（6）开场时一定要介绍清楚自己的身份，应以当前角色为主。

一、应需而生的视频会议

人们的工作方式及观念都发生了改变。在一些企业事业单位，由于用户的需求越来越丰富，大中小企业开始越来越多地使用网络视频会议。而用户对网络视频会议系统的多媒体功能提出了更高的要求，不再局限于视频和音频的质量稳定和可靠性上。

视频会议定义：网络视频会议可以实现在两点和多点间实时传送活动图像、语音及应用数据（电子白板相关文档）等形式的信息。

全时网络视频会议应用范围：网络视频会议适用于远程会议，远程面试，网络小规模讨论等。

召开视频会议不仅可以听到发言者的声音，还可以清楚地看见他的表情、动作，带来直观的交流体验。共享文件资料功能可以同步显示照片、PPT、文档、影音文件，让远程教育和培训真正成为现实。视频会议系统不仅方便企业随时召开内部会议、技术交流，还可以帮助企业解决异地培训、异地招聘等难题。它使远距离沟通变得更为频繁、效率更高，从而深刻地影响企业的运行模式，缩短决策时间，同时提高组织内部的协同力和竞争力。

网络视频会议能够解决企业在跨区域多方交流方面的需求，它不仅可以节约大量的会议差旅费用和时间，极大地提高开会效率，还能适应某些特殊情况，尤其是交通不发达地区的会议和各种需紧急召开的会议。

视频会议具有以下几个优点：

（1）成本更低：软件成本低，并可自选搭配摄像头型号等硬件，所以也降低了硬件成本。如果会议不需要视频，那单纯的屏幕播放也可以组成更简约的培训式视频会议。

（2）使用场地灵活：软件不仅可以架构为会议室到会议室的视频会议，也可以坐在电脑前进行视频会议，在局域网内还可以与跨互联网的移动电脑进行移动视频会议。

（3）功能更丰富：软件不只局限于语音视频功能，还有屏幕共享、播放媒体文件共享、群发文件、群发通知、多会议并用等丰富的即时通信的功能。

（4）部署更简单：不需要专用设备，仅电脑、摄像头（摄像机）、麦克风、音响就可以进行视频会议。简约培训式视频会，仅计算机也足以。

召开视频会议的方法如下：

一要检查你的软件和互联网连接：会议开始前先登录试试视频会议软件是否需要升级。在你的会议之前请预留足够的时间以确保你的软件是升级到最新的版本了。然后，检查你的网络，确保你的无线网络连接正常工作，确保在会议期间没有连接问题，视频会议的好坏取决于此。

二要注意你的身体语言：视频会议是正规会议，而不是私人聊天。在视频会议时注意你的身体语言，因为这会被投射到你的听众面前。请务必精力集中于所进行的会议，保持积极的反应态度。这意味着身体向前倾，以显示你在听，同时保持眼神接触，如同面对面说话时一样。

三是选择一个适当的位置：视频会议的背景可以让与会者产生不同的感受。分散注意力的位置再加上背后有人走动，会使听众分散注意力，而不知道你正在说些什么。选择一个专业的位置，对于开好视频会议来说也很重要。

四是着装：应该穿戴得体，符合专业和身份，保持一个从上到下的得体着装。

五是使用耳机或高质量的扬声器：参与视频会议时，与会者听不到正常的讲话将是一件非常令人沮丧的事。在会议开始前请仔细检查音频质量是不是足够好，请确保你手头上的耳机或扬声器令人满意。

那么，网络视频会议到底怎么开？在召开的过程中需要注意哪些问题呢？

（1）会前准备工作。视频会议召开前，做好以下相关准备工作：

①拟定议题议程；

②确定主持人、报告人、记录人、参会人员、需要共享或讨论的文件以及会议时间、程序等；

③提前一天通知参会单位或个人。

（2）开会时要做到以下几点：

①保持会场安静，将随身通信工具置于关机或静音状态，不得在镜头前走动，不得随意离开会场。

②不发言时和发言结束时请用终端遥控器将本地麦克风静音。

③作为分会场，在召开会议期间，在主会场呼叫时应迅速回应，不得与其他分会场互相呼叫。

④参会人员均应保持良好的会风，不得通过语聊、发送信息等方式打断或干扰他人的发言，影响会议的正常进行。

（3）会议结束。

①在会议结束后，不要急于离开会场，应对会议效果进行总结汇报。

②等会议组织者终端断开连接后，再将设备关闭。

二、沟通无极限的电话会议

随着人们追求快节奏生活和工作方式的发展，在工作会议中，电话会议的模式开始成为工作者的选择，它们不仅具备了快节奏的工作模式，同时在工作效率上也有所提升和发展。

所谓电话会议，通俗地说就是利用电话机作为工具，利用电话线作为载体来开会的新型会议模式。与传统会议相比较，具有会议安排迅速，没有时间、地域限制，费用低廉等特点。召开电话会议一般以6人左右为宜，最多不要超过10人。

那么如何召开电话会议呢？

一是安装电话系统。想要召开电话会议，电话会议系统是必备的，需要用户首先联系通信公司，安装好电话会议系统才可以。

二是登记申请。电话会议需要用户通过通信公司的客户端申请到一个账号及密码，确定密码才可以进入电话会议系统，才可以以主持人的身份召开电话会议，如果没有这个账号和密码的话就不可以。

三是召开电话会议。一般可以提供以下几种召开会议的方式，您可根据实际需要进行选择：

（1）与会者自行拨入方式：每个会议参加者无论身在何处，只要拨打一个特定的电话号码，然后输入会议号码和密码，即可加入会议。

（2）召集者拨出方式：由会议召集人逐个拨通与会者号码，再经会议召集人证实与会者身份后加入会议。

（3）混合方式：即用户可选择一部分与会者自行拨入，一部分与会者则由会议召集者逐个拨出召集。

（4）群呼方式：在预定的时间由系统自动呼叫主持人和所有成员参加

会议。

以上三个步骤都完成，一场电话会议才可以顺利地开起。如果电话会议的过程中受到干扰，导致信号不稳，则需要检查干扰源，无须紧张。

电话会既可让领导分身有术，又可节省工作时间与其他成本。但要注意哪些事宜呢？

（1）电话会也要有议程。相比在会议室中开会，开电话会时，与会者的注意力更易转移，有时甚至会忘记自己什么时候发言或讨论。所以，电话会也必须有会议议程，而且议程必须简短，严格按议程开会，这样才能避免电话会被"绑架"。

（2）电话会也要有主持人。传统会议需要一个主持人，开电话会也要有主持人，主持人既要严格控制会议议程，又要引导会议进程，鼓励与会者积极参会，并保证人人都有机会发言。如果发言人表达方式有问题，主持人还有责任引导通话。如某人发音不清晰时，主持人可如此引导："请说得再详细一些，大家都想知道一些更具体的措施。"

（3）不能使用没有静音功能的手机。电话会议是一个虚拟会议室，可它与传统的会议室一样存在致命的缺陷：易受环境的干扰，如果手机没有静音功能，就很容易接收或放大背景噪声，所以，进入电话虚拟会议室一定要使用有静音功能的手机，避免手机噪声对虚拟会议的干扰。

（4）参会人员越少越好。召开电话会议，要精简与会人员，最好控制在6人以下，最多不能超过10人。最好是参会人员素质较高，在有异议时，能控制好自己的情绪，否则，与会人员吵吵嚷嚷，就会导致会议陷入混乱局面。

三、会议主持人主持的技巧

会议主持人，又称执行主持人或会议召集人等。会议主持人是会议的核心角色，起着特殊的作用，直接影响到会议的成败。

作为会议主持人，在主持会议的时候，要想更好地完成会议的组织工作，必须明确自己的角色和权力。

会议主持人的职责，就是根据会议的性质、目的和要求，按会议议程规定的内容，承担起组织与会人员，完成会议规定的任务，实现会议目标的责任。一个重视议事效率的主持人，对于应付会中的临时状况，应有两手绝活。从扮演与参会者互动的桥梁，控制讨论方向不致离题，到刺激与会者进行批判性思考，都有赖主持人的经验与智慧。主持人主持时要打开"第三只耳朵"以发挥功能。

1.会议主持人的工作内容

一般需要把握好以下工作内容：

一是营造和谐气氛。主持人除了应尽可能减少发言以避免暗示何为其偏好的意见外，更重要的是要营造和谐气氛。鼓励与会者发言，当与会者的发言带有批评意味时，主持人要避免露出不悦或接话反击，否则就很难让会议有和谐气氛。

二是总结会议内容。会议进行时，主持人有必要在讨论每告一个段落时，将结果做一次总结。总结完毕后，主持人再宣布开始下一阶段的讨论。

三是引导发言者解释其发言中令人困惑的内容。主持人发现有令人困惑的发言，而又没有人提出质疑时，就应立即有礼貌地对该发言人做出反应。

四是协调与会者发言权，尊重少数人的意见。主持人要使与会者了解到，即使不同意他人的看法，也要尊重他人发言的权利。主持人的工作就是要在当少数人的意见被压制时，尽可能让他们多发言。

五是减少与议题无关的争辩和讨论。无关的争辩指的是，发言者情绪化地让他人承认其想法是错误的，这样就会产生不必要的争端。

2.掌握好会议的进程

会议的主持人要自始至终掌握好会议的进程，会议主持人在主持会议的过程中要做到以下几点：

一是阐明会议的目的。会议主持人在会议进程中要善于使讨论归于正题而不受个人意见的左右，不受两人之间的对话或开小会的干扰。

二是明确讨论的议题。在会议开始时以生动的语言简要地讲一下所要讨论的题目和问题。会议主持人要能区别会议中哪些发言对问题的解决确有作用，哪些发言是空洞废话。

三是规定会议的"范围"，即会议讨论问题的界限。会议主持人要善于巧妙地尽可能把参加会议的人，从一大堆资料和随便讨论中引导到意见一致和共同的认识上。

四是归纳与会者的意见。会议主持人要善于把大家的意见简要地归纳一下，以便参加会议的人都能够接受。这样，在会议结束时，所有参加会议的人都能感到在尽可能短的时间内已达到了会议的预定目标，感到这次会议开得非常有效。

3.对会议主题的引导

会议主持人在对会议主题进行引导时，应注意以下几点：

一是明确会议主题的目的。会议主持人要确保所有成员理解所讨论的问题以及为什么讨论这个问题。主持人应该就会议主题向与会者给出一个简单的介绍，包括该议题列入议程的理由、问题的来龙去脉和目前的状态、已经建议或调查研究的路线、需要的行动方针、争论的焦点等等。

二是避免误解和混淆。对于不明白的论点或者难以理解的论证，主持人应该要求发言者加以澄清；如果发言者使用了错误的概念，主持人应该进行干预。

三是避免无意义的争论。会议主持人应及时引导会议走出毫无结果的争论或者与议题毫不相干的领域。

四是做过渡性的总结。会议主持人可以用几秒钟对发言或议题做一个过渡性的总结，这样会帮助与会者理清思路，把握要点。

五是按时结束讨论。在会议已经达成共识时，主持人要及时结束讨论。

六是及时予以小结。在每个议题讨论的最后，会议主持人可以就已经达成一致的内容给出一个简短、清晰的概括。

4.引导与会者的发言

在大多数会议上，多数与会者在多数时间会保持沉默。沉默可以表示同意，或者没有什么建议，或者在更多地倾听与等待，对这些沉默不必担心。但是如果是缺乏自信的沉默或者对抗的沉默，则需要主持人加以引导。有人想提出建议和意见，但是担心所提出的意见没有价值，或者会遭到反对，因而保持沉默。引导这样的人表述自己的意见时，主持人应表现出兴趣和喜悦来鼓励其发言，尽管他可能不必非要同意这些意见。对抗的沉默，尤其是对主持人或是对会议本身和决策过程的敌意，常常蕴藏着某种轻蔑的情绪，预示着某些事情的爆发。事实上，有些事情爆发要比不爆发更有利于问题的解决，因此主持人要适当引导人们理性地表达自己的意见和感受。防止会议讨论离题，主持人可以考虑采用以下两种技巧：

一是顺势引申。对会议讨论的离题，主持人不可直扭、强扭。那样，既会直接伤害发言人的积极性，又往往容易使会议由热烈讨论急速转变为冷场。扭转离题现象，要讲究技巧。比如，可以接着讨论中的一句贴着议题边缘的话，顺势向着议题讨论的方向引申一下，使讨论回到议题上来；也可以以时间不多了为由，直接提出新的问题，以扭转离题。

二是直接引导。在离题现象上，还时常碰到琐事占据会议大量时间的情况。这种琐碎事情，可以认为是议题范畴以内的，但它是与会人员敏感的细小事情。对这种事情与会人员往往兴趣大，有些人一定要纠缠个水落石出，而把有重大影响的、不那么紧迫的议题推到次要位置去了。对此，会议主持人要清醒，不能因为还没有从根本上离题而不去处理。在具体处理这种偏离议题中心的情况下，会议主持人可以自己发言去直接引导，也可以对小事直接表达意见，快刀斩乱麻地解决问题，以摆脱此类琐事的干扰。当会议讨论中出现意见分歧，发生争执时，会议主持人应当正确对待，妥善处理，化不利因素为有利因素。正确对待和处理好不同意见，就是要求主持人在主持会议过程中，要有思想准备，能够广纳会议中的不同意见，妥善处理好会议中的不同意见。

5.灵活地驾驭会议

会议主持人主持一个会议，重要的是引导与会者充分发表意见，积极参加讨论。这就需要主持人灵活地驾驭会议，使与会者愿意说话，并且说得透彻。灵活地驾驭会议一般有以下几种方法：

一是指名法。主持人讲完开场白，让大家发言。一般会议开始时容易出现冷场。主持人可适当指名："老张，您对这个问题很有研究，今天一定有好主意，先讲讲吧！"只要有人带了头，下面就会有人跟着讲。

二是激将法。主持人有时要用反面的话"刺激"一些人，促使他及时发言。

三是点拨法。当人们对某个问题还似明非明时，常常难于发表看法。主持人应抓住时机，适当点拨，与会者便会顿开茅塞，话如泉涌了。

四是复述法。某人的发言十分精辟，主持人对此也有同感。为引导大家顺此深入讨论，可复述他发言的要点。

6.做好针对与会者的工作

要使会议开得圆满成功，会议主持者要做好针对与会者的工作。会议主持人如同导演，与会者如同演员，演员的行动要听从导演的指挥，为了使演员能与导演协调配合，会议主持人在处理与会者的关系上要做好以下两点：

一是主持人的插话、引导做到有礼有节。会议主持人不要把自己的意志强加于人，也不过早地表明自己的观点，以免先声夺人，给与会者造成"定调子"的感觉。会议主持人对要讨论的问题要有所准备，以便能够更好地诱导与会者发表意见，多倾听与会者的看法，充分发挥与会者的聪明才干，从而更为全面、客观地看待问题。

二是要适时地终止辩论。有时辩论已经达成了某种妥协，但主持人却没有发现，结果是"夜长梦多"，节外生枝。及时终止辩论的情况有多种方式，如基本一致就及时终止，求同存异而及时终止等。最后，简明扼要地归纳。每一项议题经过讨论后，主持者应当简明扼要地将决议的结果报告给与会者，同时留下记录。

7.对干扰会议现象的处理

会议进程中难免有干扰会议的现象，这时就需要会议主持人予以及时制止。这种制止不仅影响当事人一人，而且影响着全体与会者：既要考虑当事人的反应，更要注意对其他人的情绪造成的影响及后果。所以，会议主持人对干扰会议现象的处理更应当婉转而有策略。主要应考虑以下两点：

一是避免正面冲突。会议主持人对会议不良现象的制止应尽量避免同与会者发生正面冲突，因为一旦出现这种情况，会议就再没有办法协调了。应尽量使受批评者感到这不是批评，而是鼓励，应使与会者体会到主持人是从主题出发，真正维护会议目的。

二是尽量因势利导。会议主持人对某种不良现象的制止应尽可能是因势利导的、间接的。比如，当制止某些人观点偏颇，把会议导向歧途时，可不评论其观点，不讲其观点的危害，而只是强调正确的观点；当要制止某人小声说话时，先注意其小声说什么，将说话中与议题有关的内容点出来，鼓励其在会上发言。

8.会议中的批评要有建设性

会议是一个群体进行的集体讨论，总难免会发生某些观点的分歧甚至冲突，有时甚至会出现人身攻击。为了防止这种状况的发展或者矛盾的进一步激化，在这种情况下，会议主持人往往不得不对某个人，或某些人进行批评。但是批评时应当竭力避免直接发生冲突，如果会议主持者与他们发生直接冲突，会议就陷入僵局了。在批评之前，主持人最好先对被批评者作一番鼓励和夸奖，使他成为朋友，然后再良言苦口，善进忠言，并且应在批评中有建设性。

9.会议的时间不可太长

据生理学家的研究，人们参加会议和讨论时，脑力的最佳状态只能保持40~45分钟，人在生理上产生疲劳感的界限是1小时。超过这个界限，与会者的注意力就会松懈，会场上就会出现窃窃私语和轻微的骚动。在这种情况下，主持人如果坚持继续开会，多数发言者就只能重复别人的发言，而表现不出创新。生理学家们给这种状态专门取个名称，叫作"反面活动阶段"。在这个阶段，主持人对与会者很难驾驭，若在这一阶段通过会议的决议，容易带上"激进"的色彩。如果会议开得再长，许多与会者一心想快点散会，将对会议通过的决议采取无所谓的态度。因此，最紧凑最有效的会议，一般不应超过1小时。通常情况，多数与会者需要30~40分钟才能恢复良好的自我感觉，这样才能保持良好的会议效果。

10.会议的简短概括和总结

主持人对会议的简短概括如同在比赛场上翻动计分牌，能让与会者体会到会议的节奏。同时也有助于澄清议题讨论中的分歧点，引起与会者注意。

会议主持人的简短概括应限制在半分钟内。及时地简短概括虽然占用一些时间，但不会影响会议进程。相反，通过简短概括，会议主持人为与会者树立了一个珍惜时间的榜样。会议主持人经常进行简短的概括，会直接推动议题的讨论，向制订正确的解决方案迈进。在完成会议的各项任务和程序后，主持人还要对会议的全过程作简要的回顾，对会议的执行情况和会议所取得的成果进行全面、客观的总结，对不能确定的或未解决的问题，则要作出解释说明。总结要力求全面、扼要、准确。

11. 主持会议的开头、结尾要精彩

一篇好的文章，一定有个好的开头和结尾。自古以来，人们做文章都十分讲求开头和结尾，追求"龙头凤尾"。主持会议其实就是一篇口头文章，也应该在开头和结尾上下一番功夫。因为好的开头可以先声夺人，给人以深刻印象，吸引人们继续听下去；而好的结尾，可以让听众回味无穷。大多数领导在主持会议时，就不太注重开头和结尾。会议开始，三言两语，意不明，言已尽，给人以茫然之感，使与会者不明白会议的议题，失去对会议的兴趣，就像看一些较差的文章一样，看了第一句就没有兴趣继续读下去。同样，一个好的会议结尾能对本场会议起促进作用，甚至能将其升华，推向高潮。

四、主持"解决问题的会议"的技巧

所谓"解决问题的会议"，是指决策者们讨论实质性问题的工作会议，它是领导者最常运用的一种会议形式。能否主持好这类会议，是对领导者能力和作风的综合考验，也是会议成败的关键。

这类会议通常分五步进行：

第一步，用简洁明确的语言阐明会议的目的和所要讨论的问题；规定会

议的范围，即把会议限制在一定议题之内，不讨论议题之外的事，交代一下会议的开法和时间上的要求。

第二步，把需要讨论的问题按重要性的大小和缓急程度排列一个顺序。

第三步，一个问题一个问题地讨论。每个问题最好拿出几种解决办法，从中挑选出最好的解决办法，或把几种办法的长处综合成一种新的办法，并预料实行这种办法会出现什么情况和结果，怎样解决？

第四步，这项工作如何付诸实施？由谁来做？什么时候完成？完成后以什么形式汇报和总结？

第五步，每一个问题讨论完毕，主持者作一次归纳，形成一个一致的意见；全部问题讨论完毕，主持者作简要总结，归纳一下会议的成绩与不足，强调一下有关问题；如果需要举行下次会议，则同大家商定下次会议的开法和时间；如果需要将会议内容形成一个文件或纪要，则当场将承办人落实。

以上这五个步骤，只是一个一般性的程序。会议能否开得圆满，很大程度上取决于会议主持者能否做到以下几点：

一要把握方向。主持者要牢记会议宗旨，带领大家朝会议目标努力。为此，要善于牵"牛鼻子"，区别有益的讨论和无关的争论、有用的发言和无用的废话。在某人的发言或众人的争论偏离会议主题时，主持者要用适当的方式及时提醒，引导大家书归正传，使会议紧紧围绕中心内容进行。在众多的发言中，主持者要把精力集中在选择与执行的解决方案上，对那些实际上不能执行的方案，不管说得多么头头是道，都在放弃之列，最多只能将其可取之点吸收到可行方案中来。

二要掌握进程。哪个问题应当重点研究，讨论时间长些，哪个问题比较简单，时间用得少些，主持者要心中有数，不能颠倒主次，大题小做，小题大做。问题讨论到什么程度算恰到好处，领导者要掌握"火候"，不失时机地转入下一个题目。

三要体现民主。会议要开得好，必须有一个宽松的气氛，使到会者无拘无束，畅所欲言。这种气氛能否形成，主要在于主持者是否有民主作风。主持人要把自己置于同大家平等的位置上，启发大家开动脑筋，毫无顾忌、毫无保留地发表意见。对大家的意见，主持者要善于倾听，体察异同，分析归纳，鼓励引导。不管个人发表的意见有没有被采纳的价值，主持者都要给予积极的鼓励和适当的评价，因为它对全面分析问题总是有帮助的。主持者千万不要搞一言堂，更不能压制不同意见，强制大家迎合自己的观点。只有会议主持者具有这样的民主作风，才能充分发挥与会者的聪明才智，为问题找到好的解决办法，大家才能在以后讨论问题时继续无拘无束，畅所欲言；也只有这样，大家才能真正尊重和乐于接受会议形成的决议，积极地贯彻实施。否则就会使人感到，会议是在主持者的"逼迫"之下进行的，形成的意见是主持者强加给他们的，那么，大家就不会坚决地、自觉地贯彻实施。

四要言简意赅。会议要想取得高效率，必须使每个到会者都言简意赅。而想做到这一点，主持者能否带头做到言简意赅则是关键。如果主持者说话漫无节制，拖泥带水，其他与会者就会产生两种情况：一种是和主持人一起信马由缰，使会议松松垮垮；另一种是对会议毫无兴趣，认为主持者白白浪费了他的宝贵时间。如果主持者的语言风格简单明了，在客观上立刻可以造成会议的紧迫感，使大家的精神处于高度集中的状态，会议的效率就会大大提高。

五要善于调解气氛。尽管会议要讲求效率，讨论问题要严肃认真，但也不一定搞得剑拔弩张，毫无笑意。事实证明，轻松的气氛有助于活跃思想，讨论问题。会议的主持者要善于制造这种气氛。每当出现僵局或气氛拘谨、紧张时，主持者应当发挥"幽默"的艺术，可以用一个不过分的笑话、俏皮话、笑声或友好的讽刺来解除紧张状态，使大家轻松自如地继续讨论。同时，会议要注意适当的休息。每过一两个小时，就应当休息一二十分钟，使大家紧张的神经松弛一下。讨论时间持续得太久，头脑就会处于抑制状态，效率反而不高。休息也有个时机问题。这个时机应当选择在一个问题的讨论告一段落之时，而不是随心所欲，特别是不能在"节骨眼儿"上休息。

五、主持好政策性研究会的技巧

政策性研究会，也叫"产生思想观念的会"。平时运用的座谈会、调查会、咨询会、信息交流会、学术讨论会、政策性研讨会、规划讨论会、方案论证会、征求意见会等，都属于这类会议。随着领导方式和工作方式的演进，这类会议将会增加。政策性研究会与布置工作、解决问题的会议性质不同，因而主持的方法也不同。一般主持好政策性研究会应注意的有：

1.会议主持者和与会者是平等关系

在这种会议上，大家不论职务高低，官衔大小，一律平等，没有上下级关系。大家都要服从科学，服从真理，而不能服从和顺从哪一个人。会议主持者只有虚心倾听大家意见、以主持会议的形式为大家服务的义务，而没有压制不同意见、让别人随声附和的权利。为了使会议获得成功，会议主持者与其扮演主人的角色，还不如扮演仆人的角色为好。以一个恭谦的仆人角色来约束自己，就能够避免出现居高临下、主宰一切的现象。有些同志以为自己既然是会议的主持者，就有权控制会议，别人应当以他的意志为转移，讲起话来滔滔不绝。这种现象，是主持这类会议的大忌。当然，这并不是说，会议可以没有组织、领导和约束，漫无边际，信马由缰地开下去。但这种领导，是以引导的方式出现的，是"引而不发"，而不是以命令的方式出现的。

2.要营造一个自由发表意见的气氛

只有会议气氛轻松活跃，大家思想才能放开，问题才能摆开，各种意见才能发表得更充分，讨论也才更彻底。主持者要制造和保护这种气氛，努力使与会者之间互相尊重，坦率交流。当遇到别人的发言与自己的想法不同时，应当力戒冲动，要注意吸取别人意见中有益合理的部分。在争论问题时，应抱着商榷、探讨的态度，不要把自己的意见看得绝对正确，别人的意见一钱不值。更不要讽刺、挖苦、攻击、恶语伤人，那样就破坏了讨论问题的气氛。领导者了解这一点并身体力行，有助于会议气氛的民主化。

3.主持者发表意见要慎重

有些会议，领导者的责任就是一个字：听。在这种会上，主持会议的领导者不发表意见，只是在倾听中有目的地吸收自己所需要的东西。这种方法往往在寻求新观念和搜集创造性建议方面十分有效。即使需要主持者讲话的会议，也不要过早地提出自己的主张和看法，宁可等到别人提出同样的建议，也不能自己先说出。未等到会议进行一大半、各种意见明朗化，主持者绝不可表露声色。这样做的好处是：提出一个建议来引导大家继续讨论，使方案逐步趋于成熟和系统化。最后总结时要注意三点：一是充分肯定会议的成效，乃是大家共同努力的结果，这样有利于增强会议的团结气氛，也有助于今后使这类会开得更好。二是一定要把一切有价值的意见尽可能不遗漏地综合起来，给予肯定；即使完全未被采纳的意见，也应肯定它的价值，或表示在其他场合可供参考。这样可以使每名与会者都感到自己的意见受到了重视。最为忌讳的是，与会者发表了十条意见，领导者在最后总结时，却发表了一通早已想好的，与十条意见相矛盾的第十一条意见。这样，人家就会以为其自恃高明，刚愎自用，久而久之，大家参加这类会议的兴趣就少了，积极探索的空气就会窒息。三是一般不要"封口"。不要把某些意见说得十全十美，给予全面肯定；对另一些意见给予全面否定，这样不好。同时应明确表示，希望大家散会后还要积极思考，继续探索，领导者欢迎并随时准备倾听大家新的意见，等等。

六、处理会议中的争执和分歧的技巧

领导者主持会议时，经常会遇到各种意见分歧，有时甚至是激烈的争执，对此要认真分析，区别不同情况和类型，运用恰当的方法冷静处理。

1.工作中出现分歧和争执的处理

应当看到，这种分歧和争执，一般不涉及与会者本身的利害关系，但是不注意引导，也会使双方产生思想隔阂以致影响团结。而对这类性质的分歧，会议主持人首先要把与会者的分歧意见归纳条理化，引导大家分清争论的焦点、各方意见的利弊，把讨论引向深入；对一些没有必要争论或无需完全统一的争论，应及时终止。必要时也可以由会议主持者根据双方意见的优劣作出决断或结论。

2."偷换论题"引起的争执的处理

这是由于争论的一方或双方没有准确理解对方的观点，出现误解而引起的争执。对于这种情况，会议主持者应弄清争执的原因，纠正一方或双方理解上的误差，引导双方针对同一个问题从同一个角度或侧面深入讨论。

3.由于人际关系紧张引发矛盾的处理

在会议上，据理力争是正常的。但若出现争吵、发生纠纷则是不应该的。如果因双方平时有矛盾，借会议公开场合含沙射影，发泄对他人的不满，从而引起相互间的争执，并有可能发生人身攻击时，会议主持者必须尽快制止这种争吵。可以示意涵养高的一方暂时让一下，或利用领导者的权威暂时压下去，等会后再作具体处理，必要时会议主持者应对不正确的一方给予批评。

4.会议主持者与与会者之间发生争执的处理

当会议主持者的意见遇到个别人反对时可能会发生争执；当会议主持

者批评某人时，被批评者不服也可能会发生争执。无论上述何种情况的争执都会直接影响会议的进展，对方在气头上容易使主持者尴尬难堪。在这种情况下，会议主持者应保持冷静头脑，尽可能不与对方发生直接冲突，对于有理智的与会者，在不影响会议主题的情况下，可以阐明自己的观点，讲明道理，使对方信服；对于不理智的与会者，应暂时停止争执，是非问题放在会后解决，使会议正常进行。

七、处理会议中的反面意见的技巧

主持会议时，经常会遇到各种意见分歧。作为会议主持者，应该胸怀宽广，能够广泛地听取会议中的不同意见，妥善处理会议中出现的反面意见。处理好会议中的反面意见，会议主持者应把握好几个环节：

1.要有听取反面意见的思想准备

会议主持者提出自己的方案或陈述意见时，事先应考虑到可能有反面意见，思想上应有所准备。如果思想上没有准备，遇到尖锐的反面意见，就会感到突然，产生急躁、反感情绪。相反，思想上有了准备，也就能够冷静分析反面意见。

2.要主动鼓励下级提出不同意见

作为会议主持者不应坐等别人提意见，而应主动地发现问题，鼓励下级消除思想顾虑，敢于在会议上提出不同意见。即使自己的方案比较成熟，也要欢迎下级提出不同意见，这样有利于在会上统一思想，补充、完善决策方案。在这方面，无产阶级的革命导师列宁为我们树立了光辉的榜样。他主持会议时，总是非常重视每位代表的发言，善于发现发言者的观点和意见。无论哪位代表发言，他总是把食指放在耳边，集中精力地倾听每一个细节，倾听每一个观点和意见，哪怕是在一般人看来微不足道的观点和意见，甚至在对问题已经有了一定看法后，还善于听取别人的意见。

3.对多数人的反对意见采取慎重态度

有时领导者的方案或意见由于某些原因受到多数人的反对，这时千万不能着急，更不能强迫大家服从，要冷静地分析、思考自己的方案、意见正确与否，如果不妥，要重新考虑自己原有的方案。如果原有的理由、论据不足，应找出充分的理由、证据，采取一定的方法说服大家。

4.对少数人的反面意见不可忽视

会议中的少数意见，主持者也不可忽视。因为有时正确意见往往会在少数人手中，当进行一项决策，大家头脑比较热，会出现多数人同意而少数人反对的情况，这时多听听少数人的意见会避免决策失误。当会议上出现少数反对意见时，会议主持者要认真分析，对正确的部分给予肯定，并纳入方案、意见中；对不正确的部分可以进行说服、解释或教育，但不宜采取强行的方法否定。

八、处理会议中的意外情况的技巧

会议主持者尽管事先对会议进行了认真的准备，但在会议进行中往往还会出现一些意想不到的情况。对这些情况，主持者要沉着冷静，靠自己的应变能力恰当地加以处理。

1.巧妙应对会议开始的冷场

冷场，是会议活动中一种常见而又使会议主持者颇感难办的问题。冷场的原因很多，我们应针对不同的原因，采取不同的措施。一是与会者无思想准备，一时难以发言。特别是事先没有打招呼，临时召开的会议容易出现冷场，这时会议主持者可以鼓励大家先谈不成熟意见，在讨论中再补充完善，也可以让大家先做短暂的准备，然后发言。二是与会者对所讨论的议题不理解、不明白而感到无从开口，会议主持者应详细、明确地交代议题，对与会者进行耐心启发。三是会议议题直接涉及多数与会者的利益，因有顾虑而造成的冷场，会议主持者应先启发与其利益关系不太大的，或者是大家公认的比较正直、公道的人发言，然后再逐步深入。只要有人开了头，冷场就会被打破。四是会议议题有一定的难度和复杂性，一时不易提出明确意见而出现冷场，这时会议主持者可以由浅入深，启发大家开动脑筋，逐步接触问题的实质，也可以选择分析能力强、比较敏锐的同志率先发言，打开突破口再引导大家讨论发言。

2.善于打破部分人的沉默

会议中往往出现意想不到的沉默。当一部分人在会议上沉默时，主持者应当思索沉默的原因，有针对性地采取对策。会议中的沉默通常有以下几种情况：

①顾虑、害羞的沉默。有的人有较好的意见和看法，但因为某种顾虑而沉默不语。对于这种情况，主持人应想办法打消这些同志的顾虑，支持他们发言。有的人怕讲不好，被人讥笑，既想讲又不敢讲，会议主持人要寻找机会鼓励他发言，表示出对他的发言很感兴趣，促使他大胆发言。

②持少数意见者的沉默。当会上多数人同意某种意见，出现了一边倒的情况，持少数意见的人知道自己的意见已经无用，也就不讲了。在这种情况下，主持者不应急于表态同意多数人的意见，应当耐心地、热情地鼓励有异议的人讲出自己的见解，以便比较。

③无所谓的沉默。当会议议题与部分人关系不大时，有人会认为议题与己无关，抱着无所谓的态度而不愿开动脑筋。会议主持者应采取恰当的方法把他们引导到会议议题上来，促使其思考问题。

④对立的沉默。有的人对会议主持人或会议议题有对立情绪，会出现不予理睬的态度。会议主持人应主动、热情地引导他们发言，对正确的意见应给予鼓励支持，对不正确的意见也不要介意。

当然，会议中还有一些出自其他原因的沉默现象。如有的人不吭声是表示同意，有的暂时不表态是想听别人意见后再说，有的人不表态是没有新的意见等，这些情况均属正常，不必在意。

3.善于控制离题发言

在会议发言中常出现跑题的现象。这种现象与冷场恰恰相反。会议"热烈"得过了火。离题时不可强扭，也不能不扭。强扭会挫伤积极性，不扭就可能开成无效会议。出现离题发言主要有两种情况：一种是闲话式的离题。会议讨论中谈论传闻、逸事及与议题无关的闲话，而且喜欢海阔天空、津津有味地谈论，越扯离议题越远。这种现象通常是因为与会者认为议题与自己无关，不感兴趣而出现的；也有的认为议题不好发言，而沉湎于题外的话。这时，主持者应采取措施：一是接过讨论的某句话，顺势巧妙自然地引回到正题上来；二是联系议论的某一层意思，提出新的话题引入正题中；三是用一句善良的话或风趣的话截住议论而引入正题。另一种是发挥式的离题。发言者为表示自己的才能，或显示自己的见解，自觉或不自觉地讲与议题无关的内容。对这种离题现象的处理不能简单粗暴，而应尽可能采用不影响情绪和气氛的礼貌的方式提醒发言者。自己有高见，但并不一定完善，可以用别人的意见来充实、修正、完善自己的见解；如果自己的想法并不高明，就更没有必要先讲出来，以免影响别人提出更好的建议；即使自己的好想法先被别人讲出来了，也要表示支持，这样做对会议气氛有好处，别人会看到这位领导者是虚心接受他人的建议的。一定要防止家长式的领导心理，仿佛自己不先讲个一二三四，就说明自己无能、水平低、不够掌握会场的资格。

4.做好综合和总结

政策性研究会虽然不是在会上当场拍板，立即决断问题，但会议讨论的意见总得有个归纳。因此，主持会议的领导者要善于倾听各种意见，边听边比较，边分析，边归纳，仔细分辨各种意见的异同，找出它们的长处和短处，衡量它们的利弊，把有价值的东西吸收到自己的总结中来。

附录三

中央和国家机关会议费管理办法
（2016版）

第一章　总　则

第一条　为进一步加强和规范中央和国家机关会议费管理，精简会议，改进会风，提高会议效率和质量，节约会议经费开支，制定本办法。

第二条　中央和国家机关会议的分类、审批和会议费管理等，适用本办法。

本办法所称中央和国家机关，是指党中央各部门，国务院各部委、各直属机构，全国人大常委会办公厅，全国政协办公厅，最高人民法院，最高人民检察院，各人民团体、各民主党派中央和全国工商联（以下简称各单位）。

第三条　各单位召开会议应当坚持厉行节约、反对浪费、规范简朴、务实高效的原则，严格控制会议数量和规模，规范会议费管理。

第四条　各单位召开的会议实行分类管理、分级审批。

第五条　各单位应当严格会议费预算管理，控制会议费预算规模。会议费预算应当细化到具体会议项目，执行中不得突破。会议费应当纳入部门预算，并单独列示。

第二章　会议分类和审批

第六条　中央和国家机关会议分类如下：

一类会议。是以党中央和国务院名义召开的，要求省、自治区、直辖市、计划单列市或中央部门负责同志参加的会议。

二类会议。是党中央和国务院各部委、各直属机构，最高人民法院，最高人民检察院，各人民团体召开的，要求省、自治区、直辖市、计划单列市有关厅（局）或本系统、直属机构负责同志参加的会议。

三类会议。是党中央和国务院各部委、各直属机构，最高人民法院，最高人民检察院，各人民团体及其所属内设机构召开的，要求省、自治区、直辖市、计划单列市有关厅（局）或本系统机构有关人员参加的会议。

四类会议。是指除上述一、二、三类会议以外的其他业务性会议，包括小型研讨会、座谈会、评审会等。

第七条 中央和国家机关会议按以下程序和要求进行审批：

一类会议。应当由主办单位报经党中央和国务院批准。会议总务、经费预算及费用结算等工作分别由中共中央直属机关事务管理局（以下简称中直管理局）和国家机关事务管理局（以下简称国管局）负责。

二类会议。党中央和国务院各部委、各直属机构，各人民团体应当于每年12月底前，将下一年度会议计划（包括会议名称、召开的理由、主要内容、时间地点、代表人数、工作人员数、所需经费及列支渠道等）送财政部审核会签，按程序经中央办公厅、国务院办公厅审核后报批。各单位召开二类会议原则上每年不超过1次。

三类会议。各单位应当建立会议计划编报和审批制度，年度会议计划（包括会议数量、会议名称、召开的理由、主要内容、时间地点、代表人数、工作人员数、所需经费及列支渠道等）经单位领导办公会或党组（党委）会审批后执行。

四类会议。由单位分管领导审核后列入单位年度会议计划。

年度会议计划一经批准，原则上不得调整。对党中央、国务院交办等确需临时增加的会议，按规定程序报批。

第八条 一类会议会期按照批准文件，根据工作需要从严控制；二、

三、四类会议会期均不得超过2天；传达、布置类会议会期不得超过1天。

会议报到和离开时间，一、二、三类会议合计不得超过2天，四类会议合计不得超过1天。

第九条 各单位应当严格控制会议规模。

一类会议参会人员按照批准文件，根据会议性质和主要内容确定，严格限定会议代表和工作人员数量。

二类会议参会人员不得超过300人，其中，工作人员控制在会议代表人数的15%以内；不请省、自治区、直辖市和中央部门主要负责同志、分管负责同志出席。

三类会议参会人员不得超过150人，其中，工作人员控制在会议代表人数的10%以内。

四类会议参会人员视内容而定，一般不得超过50人。

第十条 全国人大常委会办公厅、全国政协办公厅、各民主党派中央和全国工商联的会议分类、审批事项、会期及参会人员等，由上述部门依据法律法规、章程规定，参照第六条至第九条作出规定，并报财政部备案。

第十一条 各单位召开会议应当改进会议形式，充分运用电视电话、网络视频等现代信息技术手段，降低会议成本，提高会议效率。

传达、布置类会议优先采取电视电话、网络视频会议方式召开。电视电话、网络视频会议的主会场和分会场应当控制规模，节约费用支出。

第十二条 不能够采用电视电话、网络视频召开的会议实行定点管理。各单位会议应当到定点会议场所召开，按照协议价格结算费用。未纳入定点范围，价格低于会议综合定额标准的单位内部会议室、礼堂、宾馆、招待所、培训中心，可优先作为本单位或本系统会议场所。

无外地代表且会议规模能够在单位内部会议室安排的会议，原则上在单位内部会议室召开，不安排住宿。

第十三条 参会人员以在京单位为主的会议不得到京外召开。各单位不得到党中央、国务院明令禁止的风景名胜区召开会议。

第三章 会议费开支范围、标准和报销支付

第十四条 会议费开支范围包括会议住宿费、伙食费、会议场地租金、交通费、文件印刷费、医药费等。

前款所称交通费是指用于会议代表接送站，以及会议统一组织的代表考察、调研等发生的交通支出。

会议代表参加会议发生的城市间交通费，按照差旅费管理办法的规定回单位报销。

第十五条 会议费开支实行综合定额控制，各项费用之间可以调剂使用。

会议费综合定额标准如下：

单位：元／人天

会议类别	住宿费	伙食费	其他费用	合　计
一类会议	500	150	110	760
二类会议	400	150	100	650
三、四类会议	340	130	80	550

综合定额标准是会议费开支的上限。各单位应在综合定额标准以内结算报销。

第十六条 一类会议费在部门预算专项经费中列支，二、三、四类会议费原则上在部门预算公用经费中列支。

会议费由会议召开单位承担，不得向参会人员收取，不得以任何方式向下属机构、企事业单位、地方转嫁或摊派。

第十七条 各单位在会议结束后应当及时办理报销手续。会议费报销时

应当提供会议审批文件、会议通知及实际参会人员签到表、定点会议场所等会议服务单位提供的费用原始明细单据、电子结算单等凭证。财务部门要严格按规定审核会议费开支，对未列入年度会议计划，以及超范围、超标准开支的经费不予报销。

第十八条　各单位会议费支付，应当严格按照国库集中支付制度和公务卡管理制度的有关规定执行，以银行转账或公务卡方式结算，禁止以现金方式结算。

具备条件的，会议费应当由单位财务部门直接结算。

第四章　会议费公示和年度报告制度

第十九条　各单位应当将非涉密会议的名称、主要内容、参会人数、经费开支等情况在单位内部公示或提供查询，具备条件的应当向社会公开。

第二十条　一级预算单位应当于每年3月底前，将本级和下属预算单位上年度会议计划和执行情况（包括会议名称、主要内容、时间地点、代表人数、工作人员数、经费开支及列支渠道等）汇总后报财政部。党中央各部门同时抄送中直管理局，国务院各部门同时抄送国管局。

第二十一条　财政部对各单位报送的会议年度报告进行汇总分析，针对执行中存在的问题，及时完善相关制度。

第五章　管理职责

第二十二条　财政部的主要职责是：

（一）会同国管局、中直管理局等部门制定或修订中央本级会议费管理办法，并对执行情况进行监督检查；

（二）按规定对各单位报送的二类会议计划进行审核会签；

（三）对会议费支付结算实施动态监控；

（四）对各单位报送的会议年度报告进行汇总分析，提出加强管理的措施。

第二十三条 国管局的主要职责是：

（一）配合财政部制定或修订中央和国家机关会议费管理办法；

（二）负责国务院召开的一类会议的总务工作；

（三）配合财政部对国务院各部委、各直属机构会议费执行情况进行监督检查。

第二十四条 中直管理局的主要职责是：

（一）配合财政部制定或修订中央和国家机关会议费管理办法；

（二）负责党中央召开的一类会议的总务工作；

（三）配合财政部对中央各部门会议费执行情况进行监督检查。

第二十五条 各单位的主要职责是：

（一）负责制定本单位会议费管理的实施细则；

（二）负责单位年度会议计划编制和三类、四类会议的审批管理；

（三）负责安排会议预算并按规定管理、使用会议费，做好相应的财务管理和会计核算工作，对内部会议费报销进行审核把关，确保票据来源合法，内容真实、完整、合规；

（四）按规定报送会议年度报告，加强对本单位会议费使用的内控管理。

第六章 监督检查和责任追究

第二十六条 财政部、国管局、中直管理局会同有关部门对各单位会议费管理和使用情况进行监督检查。主要内容包括：

（一）会议计划的编报、审批是否符合规定；

（二）会议费开支范围和开支标准是否符合规定；

（三）会议费报销和支付是否符合规定；

（四）会议会期、规模是否符合规定，会议是否在规定的地点和场所召开；

（五）是否向下属机构、企事业单位或地方转嫁、摊派会议费；

（六）会议费管理和使用的其他情况。

第二十七条 严禁各单位借会议名义组织会餐或安排宴请；严禁套取会议费设立"小金库"；严禁在会议费中列支公务接待费。

各单位应严格执行会议用房标准，不得安排高档套房；会议用餐严格控制菜品种类、数量和份量，安排自助餐，严禁提供高档菜肴，不安排宴请，不上烟酒；会议会场一律不摆花草，不制作背景板，不提供水果。

不得使用会议费购置电脑、复印机、打印机、传真机等固定资产以及开支与本次会议无关的其他费用；不得组织会议代表旅游和与会议无关的参观；严禁组织高消费娱乐、健身活动；严禁以任何名义发放纪念品；不得额外配发洗漱用品。

第二十八条 违反本办法规定，有下列行为之一的，依法依规追究会议举办单位和相关人员的责任：

（一）计划外召开会议的；

（二）以虚报、冒领手段骗取会议费的；

（三）虚报会议人数、天数等进行报销的；

（四）违规扩大会议费开支范围，擅自提高会议费开支标准的；

（五）违规报销与会议无关费用的；

（六）其他违反本办法行为的。

有前款所列行为之一的，由财政部会同有关部门责令改正，追回资金，并经报批后予以通报。对直接负责的主管人员和相关负责人，报请其所在单位按规定给予行政处分。如行为涉嫌违法的，移交司法机关处理。

定点会议场所或单位内部宾馆、招待所、培训中心有关工作人员违反规定的，按照财政部定点会议场所管理的有关规定处理。

第七章　附　则

第二十九条　各单位应当按照本办法规定，结合本单位业务特点和工作需要，制定会议费管理具体规定。

第三十条　党中央、国务院直属事业单位的会议费管理参照本办法执行。中央和国家机关各部门所属事业单位的会议费管理由各部门依据从严从紧原则参照本办法作出具体规定。

第三十一条　本办法由财政部负责解释，自2016年7月1日起施行。《中央和国家机关会议费管理办法》（财行〔2013〕286号）同时废止。

附录四

中共中央办公厅、国务院办公厅《关于严禁党政机关到风景名胜区开会的通知》（2014版）

1998年中央办公厅、国务院办公厅下发《关于严禁党政机关到风景名胜区开会的通知》以来，各级党政机关到风景名胜区尤其是到中央明令禁止的12个风景名胜区开会现象得到了有效遏制。但是，违规到上述风景名胜区开会问题仍未完全杜绝，到其他热点风景名胜区开会以及在风景名胜区外开会到区内旅游的情况时有发生，有的单位还巧立名目组织公款旅游，损害了党和政府形象，广大干部群众对此反映强烈。为深入贯彻落实中央八项规定精神和《党政机关厉行节约反对浪费条例》，坚决杜绝以会议名义到风景名胜区公款旅游等违规行为，经党中央、国务院同意，现就有关事项通知如下。

1.各级党政机关一律不得到八达岭－十三陵、承德避暑山庄外八庙、五台山、太湖、普陀山、黄山、九华山、武夷山、庐山、泰山、嵩山、武当山、武陵源（张家界）、白云山、桂林漓江、三亚热带海滨、峨眉山－乐山大佛、九寨沟－黄龙、黄果树、西双版纳、华山21个风景名胜区召开会议，禁止召开会议的区域范围以风景名胜区总体规划确定的核心景区地域范围为准。

2.地方各级党政机关的会议一律在本行政区域内召开，不得到其他地区召开；因工作需要确需跨行政区域召开会议的，必须报同级党委、政府批准。风景名胜区核心景区与地方政府主要行政区域高度重合的，当地党政机关应当在机关内部会议场所或定点饭店召开会议。中央和国家机关各部门到京外召开会议的，必须严格执行会议费管理有关规定。

会议主办单位要合理安排会议日程，严格遵守报到、离会时限，严禁超出规定时限为参会人员提供食宿，严禁组织与会议无关的参观、考察等活动。

3.党政机关召开涉及旅游、宗教、林业、地震、气象、生态环保、国土资源以及景区规划等工作的专业性会议，确需到禁止名单中的风景名胜区召开的，应当完善管理制度，从严控制、严格审批。垂直管理单位应当报上一级主管部门批准，其他单位报同级党委、政府批准。

4.严禁各级党政机关以召开会议等名义组织公款旅游。严禁在会议费、培训费、接待费中列支风景名胜区等各类旅游景点门票费、导游费、景区内设施使用费、往返景区交通费等应由个人承担的费用。严禁向下级单位以及旅游景区管理部门、接待服务场所、旅游中介公司等单位转嫁上述费用。严禁违反规定要求旅游景区管理部门、有关企业等单位免除上述费用。

5.财政部门要建立会议经费定期或不定期财政监督检查制度，审计机关要建立会议费经常性审计监督制度，加大审计结果公开力度，必要时对旅游景区管理部门、接待服务场所、会议培训中介机构等单位开展延伸监督检查和审计，防止转嫁费用，并及时将违规违纪线索移交纪检监察机关。

6.本通知适用于各级党的机关、人大机关、行政机关、政协机关、审判机关、检察机关，以及工会、共青团、妇联等人民团体和参照公务员法管理的事业单位。

7.此前有关规定与本通知不一致的，以本通知为准。

主要参考书目

张瑞志著:《靠素质能力进步》,中国人民解放军出版社,2011年版。

陈树荣主编:《干事如何干事》,陕西旅游出版社,2008年版。

陈树荣主编:《领导怎样领导》,陕西旅游出版社,2008年版。

董慧主编:《会议组织方法与艺术》,中央民族大学出版社,2004年版。

[美]迈克尔·多伊尔、大卫·斯特劳斯著:《开会的革命》,国际文化出版公司,2004年版。

简宁著:《开会是门技术活儿》,湖南文艺出版社,2013年版。

杨冰编著:《凭什么"坐"机关》,线装书局,2012年版。

郑一群编著:《这样开会最有效》,湖南科学技术出版社,2014年版。

方圆编著:《办公室文秘事务处理技巧》,石油工业出版社,2001年版。

冯培丽主编:《实用办会会务手册》,山西经济出版社,2012年版。

陈学来主编:《部队机关会议实务与实例》,蓝天出版社,2008年版。

张雁泉编著:《文秘新手成长记》,中国纺织出版社,2014年版。

陈凤仪、郭政主编:《会务工作与会议文书》,陕西旅游出版社,1992年版。

金常德编著:《文秘人员"办会"实务:规范与方法》,中国纺织出版社,2015年版。

汪力主编:《秘书是怎样炼成的》,时事出版社,2008年版。

程龙宾、杨冰编著:《像领导那样思考》,华艺出版社,2002年版。

蒋年平编著:《机关工作入门》,军事科学出版社,2006年版。

轩英博著:《高效会议管理全案:会前、会中、会后的管理实战技巧》,中国经济出版社,2019年版。